寮母あきこのガツごはん

あきこ 著

楽しく食べてほしいから

はじめまして。あきこです。広島県にある造船関連会社の寮で、2年半前から寮母をやっています。寮の方たちに昼食と夕食を作るのが仕事です。初日から毎日、自分用の記録のために写真を撮って、インスタグラムにアップしています。おかげさまで、現在フォロワーさんは13万人を超えました。これまでに飲食業で働いた経験はありますが、本格的に大人数のために料理をするのは初めて。そんな人間を、会社もよく雇ったなあって思います。勇気あるというかなんというか。

寮の方たちは30代から40代中心の働き盛りな男性。しかも皆さん、全員ラグビーやってたんじゃないかと思うほどガタイがいい。たくさん召し上がるので、どうしてもガッツリな感じになります。毎日のことなので、お洒落な料理が続くと食べる人も疲れると思うんです。みなさん結局、定番料理的なものが好きですし。むしゃむしゃわしわし食べてほしいから、そういう料理が多くなりますね。そして、見た時におっ！　って思ってほしいから、ビジュアル的にもインパクトのある料理。今日のご

飯は何かなあって、ワクワクしながら帰ってきてもらいたい。
　昼も夜も、作ったら置いて、私は帰宅します。みなさんが食べる時は出来たてじゃないので、冷めた時のことや温め直すことを考えて火入れや味付けをしています。試作はしません。いつもぶっつけ本番。でも、味には妥協しません。納得のいく味になるまで、何回も味見をします。
　盛り付けが個性的って言われますけど、それも全部直前のヒラメキです。料理本を読むのが趣味で、ものすごい数を読んでいるので、それが蓄積になってるのかもしれないけれど。
　大胆に無造作に盛り付けていくのが好きですね。昼のお弁当も夜の丼とかも、どんどんどん高くなって盛り盛りになります。でも味が重ならないようにとか、色味のバランスとか、実はいろいろと細かく考えています。大胆にして繊細。食べる人に楽しんでほしいのはもちろんのこと、自分が楽しいのも大事。楽しくないと飽きてしまうんです。盛り付けしながら、たまに自分でも笑っちゃったり。毎日楽しみながらやっています。

あきこの寮ごはんがおいしい理由

1

冷めてもおいしい！

作りたてをすぐ出すんじゃなくて、置いておいて、後からみなさんが食べるのが基本。なので、冷めた時にもおいしいことを第一に考えて作っています。初めの頃、お昼は毎食、丼にしていましたが、丼は冷めると味も見た目もイマイチ。お弁当なら冷めてもおいしいことに気づき、変更。いろいろな食材も使えるし、盛る楽しみもあります。

2

盛り付けは大胆に！

寮の方たちは食欲旺盛な壮年の男性なので、ちまちましたカフェめしのようなものや、エスニックみたいな食べ慣れていないスパイシーな料理は苦手。毎日食べるものだし、基本的には、和食寄りの料理が中心です。だからこそ、盛り付けで勝負！　飽きずに楽しく食べていただくために、工夫しています。いじりすぎずに、大胆に、無造作に盛る、が基本です。

3

楽しくなきゃダメ！

お弁当の中に、タコのウインナーひとつ入れるだけでも、楽しいと思うんですよ。毎日のごはんを楽しみにしてもらえたらうれしいです。作っている自分が、飽きずに楽しめることも大事かな。鶏の唐揚げや、カレーなど、みんなの好きなメニューはよく登場しますが、いろいろなバリエーションで味や見せ方を変えています。

5

具材が大きい！

私自身はかなり少食なんですが、寮ごはんのおかずは大きいですねー。インスタでも驚かれます。でも、かぶりついた時に満足感があるというのは大事だと思うんです。唐揚げは大きく切って揚げたほうが、中からジューシーな肉汁がしみ出して絶対おいしいと思うし。チャーシューなんかも大ぶりに切ったほうが、見た目からしておいしそうでしょう？

4

トータルでおいしい！

献立を考える時に、気をつけているのは、味や食材がかぶらないようにすることですね。メインが醤油味なら、副菜はさっぱり系の甘酢味にするとか、甘辛いメインなら、塩味にするとか。濃い味、薄い味のバランスも考えます。箸休め的なものも必ず入れます。全部食べた時の味を想像しながら。食べ終わって最終的においしかった、と思ってもらえるようにしたいです。

番外

からだは大きいのに、意外と好き嫌いの多い池田さん。

池田さんだけ特別！

出張で普段いない方が来たり、その日によって食べる方が違うので、皆さんの好みに合わせるのは難しい。振り回されたくないから、好き嫌いもあえて聞かないです。基本、自分の好きなものを作っていますが、「トマトとオクラが大嫌い」と言う「池田さん」には、トマトケチャップも使わず、別のものにしています。特別扱い？

6

地元の食材を使う！

買い出しに行くのも私の仕事。週1回決めて、まとめ買いをしています。いちばん好きなのは、JA芸南の直売所「ふれあい市」。朝から、地元の人で混んでいる人気の店です。やっぱり、地のものがおいしいし、農家を応援したい。四国の愛媛からいらしている寮の方もいるので、広島のおいしさを知ってほしいですね。

もくじ

あきこのおにぎり 54

あきこの置き弁

基本的にお昼ご飯は、お弁当を作ります。作ったお弁当は、テーブルの上に置いてフードカバーをしておきます。出来上がったら私は帰宅するので、「置き弁」です。

最初は丼ものを作っていたんですが、メニューが広がらなくて飽きてしまって。丼ものって食材やレパートリーが限られちゃうし、料理も頑張っても三品くらいしかのせられないでしょう？　冷めたらおいしくなさそうだし。それでお弁当にしたんです。

お弁当は盛り付けが楽しい！　いろいろなお料理を入れることができるし、冷めてもおいしい。っていうか、冷めたほうがおいしい。

「置き弁」は蓋をしなくていいので、高さとかはみ出しとか崩れるとかを気にしなくていいのも楽しいです。お弁当箱は、20・5×14・5×4・5センチ。ご飯茶碗2杯分が入る容量です。詰めていて隙間ができると、ここに何を入れてやろうかって、がぜん闘争心がわきます。

盛り付け方は大胆に見えますけど、味や食材のバランス、配置などものすごくいろいろ考えています。だから、豪快かつ繊細。それが私の「置き弁」です。

置き弁は、完成から短時間で食べることを前提としています。普通のお弁当の場合は、傷まない工夫をお願いいたします。

鶏の唐揚げ海老炒飯

炒飯の中にも海老がたっぷり

崩しながら食べる炒飯が楽しい

唐揚げ用の鶏もも肉は、業務用を2キロ買って小分けにし、味付けして冷凍しておきます。ねぎと卵と海老の炒飯は、ねぎ、生姜、にんにくを香りが立つまで炒め、塩・こしょう、しょうゆで味付け。崩しながら食べるのって楽しいから、ドーム型にしています。中身が何かわかるように、海老をトッピングしています。

鯖の味噌煮 卵焼き 大豆の煮物 ピーマンの炒め物 カニさんウインナー

タコでなく
カニです

ペーパーを使えば煮魚も詰められます

鯖の味噌煮の汁が他に染み込まないように、キッチンペーパーを敷いています。アルミホイルとかじゃなくてキッチンペーパーなのは、チンする人がいるかもしれないから。お昼用の卵焼きは、塩、砂糖、薄口醤油で作ります。出汁《だし》巻き卵よりご飯に合う気がして。ご飯がさびしいのでカニさんウインナーをオン！

豚カツ巻き
ベーコンとほうれん草ときのこの炒め物
かぼちゃサラダ
豚カツのおまけ付き

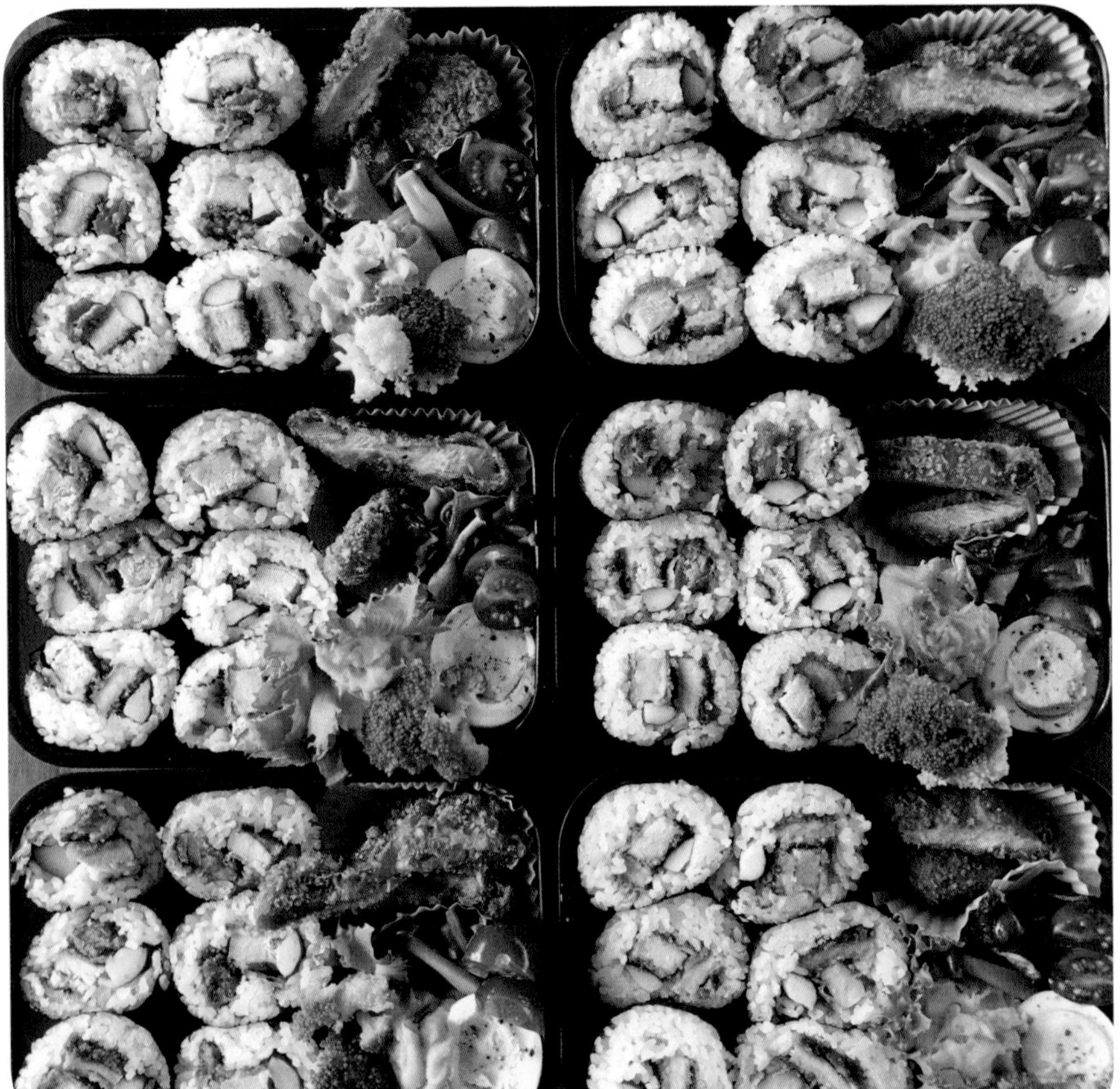

お好みでソースをかけても

フライで海苔巻きが広島流

豚カツ、海老フライ、チキンカツとか、フライを海苔巻きにするって、広島では普通なんですよ。他の地方の人にはびっくりされるけど。お弁当用に豚カツを作った時、入れなかった切れ端をつまみ食いするのって楽しいじゃないですか。それを寮の方に伝えたくて、おまけとして入れました。

豚肉のカリカリ焼き
エリンギの素焼き
卵焼き
かいわれとオカカの和え物
さつまいもの甘煮
エゴマのにんにく醤油漬けのおにぎり

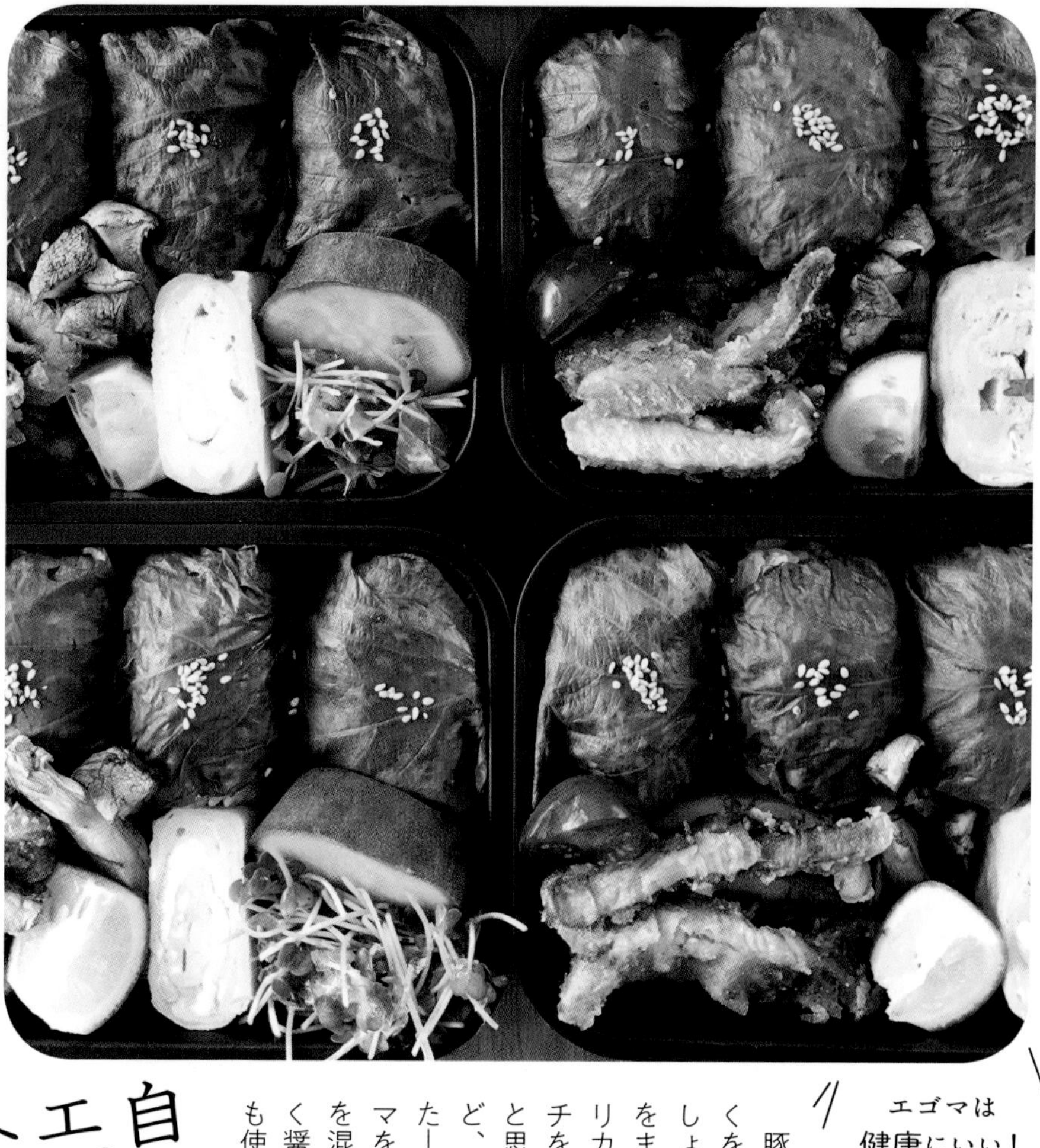

エゴマは健康にいい！

豚肉は、おろしにんにくをすり込んで、塩・こしょうで味付け。片栗粉をまぶして多めの油でカリカリに焼きます。スダチを絞って召し上がれ！と思って添えたんですけど、絞った形跡がなかった——。ご飯には、エゴマを漬けたにんにく醤油を混ぜています。にんにく醤油は、冷奴や炒飯にも使います。

自家製のエゴマ漬けがヘルシー

蕎麦寿司
鶏天
タルタル
ソース

さっぱり蕎麦寿司には鶏天

暑い日には、さっぱりとした蕎麦寿司。カニカマときゅうり入りです。お醤油でも蕎麦つゆでもお好みの味で召し上がれ。そのかわり、おかずはボリュームのあるものを。鶏もも肉は、酒と柚子胡椒に漬けて下味を付けています。小麦粉をつけて、厚めの衣でカリッと揚げました。タルタルソースも山盛りだよ。

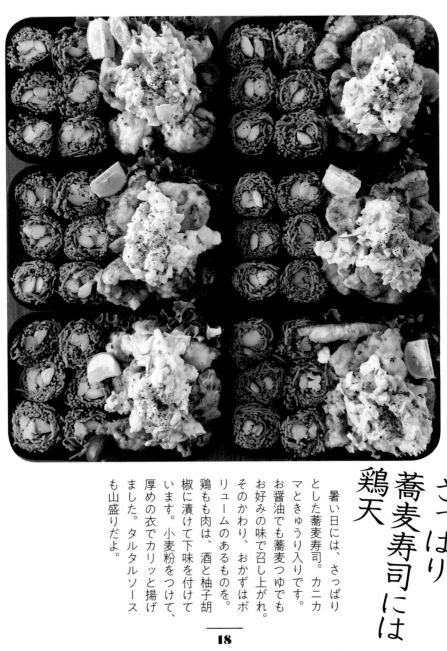

海老と大葉のちらし寿司
海老天ぷら
なすの天ぷら
ガリ

夏のお寿司には大葉を

お寿司と天ぷらは最強コンビ

お寿司と天ぷらの組み合わせって、本当に最高だと思ってる。とても個人的な意見ですけど。扇の形にしたなすは、上向きに置くと縁起がいいって大将（P.52）に教わりました。下向きは不祝儀の時だそうです。寮のみなさんにハッピーでいてもらいたいから、お弁当のなす天はもちろんいつも上向き！

ブリの塩焼き オクラの豚巻き ポテトサラダ ウインナー ゆかりご飯

三島食品の登録商標、ゆかり

盛り付けはご飯に段差の必殺技

ご飯とおかずの仕切りは、フリルレタスを使うことが多いです。バランだと寮の人が捨てるの面倒くさいかなぁと思って。ご飯をちょっと見せたい気分だったので、段差をつけて盛り、低い部分にブリをのせています。ご飯があるのはブリの下まで。オクラの断面が星形なの、可愛いでしょ。

鶏肉のケチャップソテー
かぼちゃサラダ
なすフライ
野菜ピラフ

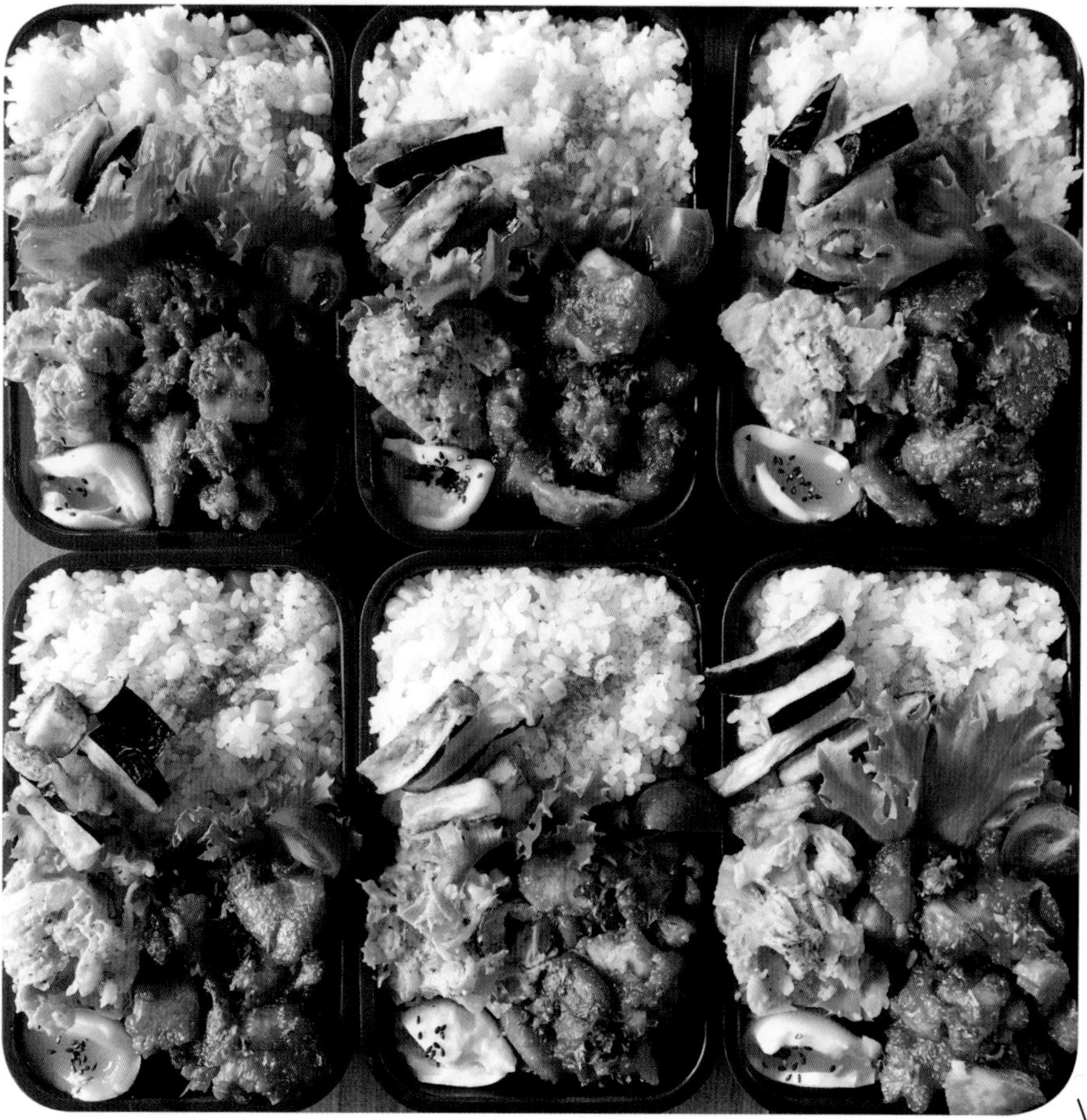

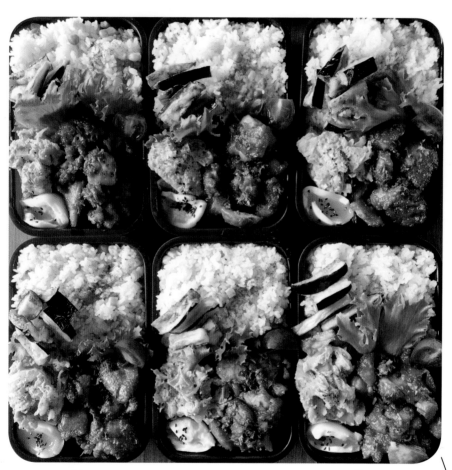

揚げたなすはカリッとした食感

コンソメで炊いたご飯に、バターで炒めた野菜ミックスを混ぜます。そのほうが、炊き込むより色がきれいに仕上がるので。鶏肉の味付けは、ケチャップ、蜂蜜、醤油、酒、にんにくすりおろし。よく混ぜて、炒めた鶏肉に絡めるんです。なすはお店で食べておいしかったものの再現。片栗粉をはたいて揚げました。

隙間を作らないのが大事！

海老と三つ葉と玉ねぎのかき揚げ 鶏天

茶色弁当は実はうまい！

男ならでは。大盛り天ぷら弁当

我ながらすごいボリューム！　モリモリ食べてくれたかな。かき揚げの三つ葉と海老は先に粉をまぶしてから、衣用溶き粉と混ぜます。海老は数が同じになるように、揚げる時にそれぞれに落とします。テーブルに常備していろいろな調味料で、好きなように食べてほしくて、天ぷらはあえて味付けしてません。

塩焼きそば
じゃがボール

炒め物はシャキッと仕上げ

大人数用の炒め物って難しい。火を通しすぎず、シャキッと仕上げるのを心がけています。今日の焼きそばは野菜多めで。じゃがボールはじゃがいもを蒸してマッシュしてから塩、片栗粉を入れて丸め、片栗粉を薄くまぶして揚げます。チーズ入り、青のり入りなどいろいろバリエーションあり。

豚のにんにく味噌焼き
ちくわの磯辺揚げ
卵焼き
大豆の煮物

ちくわの磯辺揚げは人気

甘辛味はやっぱりご飯が進む

これも段差ご飯。お肉の下までご飯がいます。豚肉のタレは、味噌、にんにくすりおろし、砂糖、酒、ごま油をよく混ぜたもの。たまに、マヨネーズやねぎのみじん切りも入れます。フライパンで豚肉を焼いてからタレをぬって、トースターで少し焦げ目がつくまで焼きます。甘辛味だから、ご飯が進んじゃうよ！

焼肉弁当

BBQみたいにのっけた感

染み込んだタレも美味な焼肉飯

ホットプレートでお肉を焼くんですが、焼いているとだんだん、ひとり焼肉をしている気持ちになってきてさびしくなります。でも、みなさん焼肉大好きだから、頑張って焼くの。野菜や卵もホットプレートで焼いてまず。目玉焼きにタレをちょちょっとかけるのがポイント。おいしそうに見えるでしょ？

豚味噌
炒り卵
鯖の
竜田揚げ
ちくわの
チーズ炒め
舞茸と
しめじの
生姜炒め

たくわんは
冷凍保存で常備

鯖竜田に生姜の風味を加えて

豚味噌は豆板醤が隠し味。豚ひき肉を、味噌、砂糖、酒、醤油、豆板醤で炒め煮します。その味に合わせて、炒り卵はごま油で。ご飯の上は中華な感じ。竜田揚げ用の漬け汁にはおろし生姜の絞り汁を加えます。生姜炒めも、入れるのは絞り汁だけ。全部入れると繊維が残っちゃいますからね。一応気を使ってます。

大根葉とちりめんの混ぜご飯
白ねぎの豚肉巻き
卵焼き

菜飯は
かぶの葉でもOK

断面見せか、全体か、悩んだら両方！

白ねぎの豚肉巻き。断面も見せたいし、全体像も見せたいしって悩んで、こんな盛り付けになりました。これ実は、大将（P.52）に教わった卵焼きの盛り付け方がヒント。一部断面を見せるとおいしそう、という話を思い出したのでした。みずみずしい大根葉を売っていたので、塩もみして混ぜご飯に。

海老フライ
ポテトサラダ
ミックスビーンズのマリネ
ブロッコリーのアーリオオーリオ
チキンライス

目玉焼きはフチをカリカリに

盛る時はお箸の流れを考える

海老フライの盛り方、間違えたっ！　尻尾を上にすれば、箸でつまんでそのまま口に入れられるのに。これだと海老を回転させる必要が…。盛り付けつける時はいつも、食べやすさとか食べる動作の流れとかを意識してるんですが、たまにはこんな失敗も。ポテサラは、デザートのアイスクリームっぽくしてみました。

鮭の塩焼き
人参のきんぴら
いんげんのツナマヨ和え
ジャーマンポテト
金柑

珍しく
金柑を使ってみた

魚は斜め。盛り付けの私の鉄則

切り身の魚は長細いので、お弁当箱の中央に斜めにどん、って置くと収まりがいいです。このご飯も段差盛りで、鮭の下までがご飯。人参は苦手な人多いみたい。でもそれは知らなかったことにして、入れますよ。和風はごま油、洋風はオリーブオイルとか、食べてもらうために味付けはいろいろと工夫してます。

やげんなんこつの唐揚げ
卵焼き
ごぼうと人参のサラダ
あさりと舞茸と生姜の炊き込みご飯

海苔の置き方には訳がある

炊き込みご飯には海苔が合いますよね。ご飯を見せたかったので、間を開けて置いてみました。十字にするか迷ったけど、箸でご飯と一緒につかみやすいのはこっちだと思い、これに決定。ごぼうは茹でただけでマヨネーズと和えると水っぽくなるので、炒めて水気を飛ばしています。人参は塩もみ。下処理大事。

海老、なすの天ぷら
かぼちゃの煮物
ささみとすりおろしきゅうりの和え物
卵焼き
黒豆ご飯
赤大根の柚子漬け

お弁当の海老天は細身を使う

寮の方に「何かいいことあったんですか？」って聞かれたけど、特に何もなし。黒豆ご飯をお赤飯だと勘違いしてたのね。夕飯の天ぷらは、衣を散らして大きく作るけど、お弁当用はカサを出したくないので、衣に一度くぐらせただけで揚げます。かぼちゃは口当たりがよくなるよう、皮をところどころそぎます。

海苔弁
ささみフライ
カレー味のきんぴら
キャベツとセロリの塩もみ
タコさんウインナー
赤大根の柚子漬け

海苔弁に盛り盛りのおかず

タルタルは、茹で卵ベースにパプリカ、人参、きゅうり、玉ねぎなど具材をいろいろと入れてマヨネーズは少なめ。フライのソースというより、おかずのひとつとして食べられるようにしました。カレー味のきんぴらは、寮の皆さんにはちょっと不評。きんぴらはきんぴららしい味がいいみたい。おいしいのになあ。

キャベツは袋でもみもみ

焼豚卵飯ウインナー

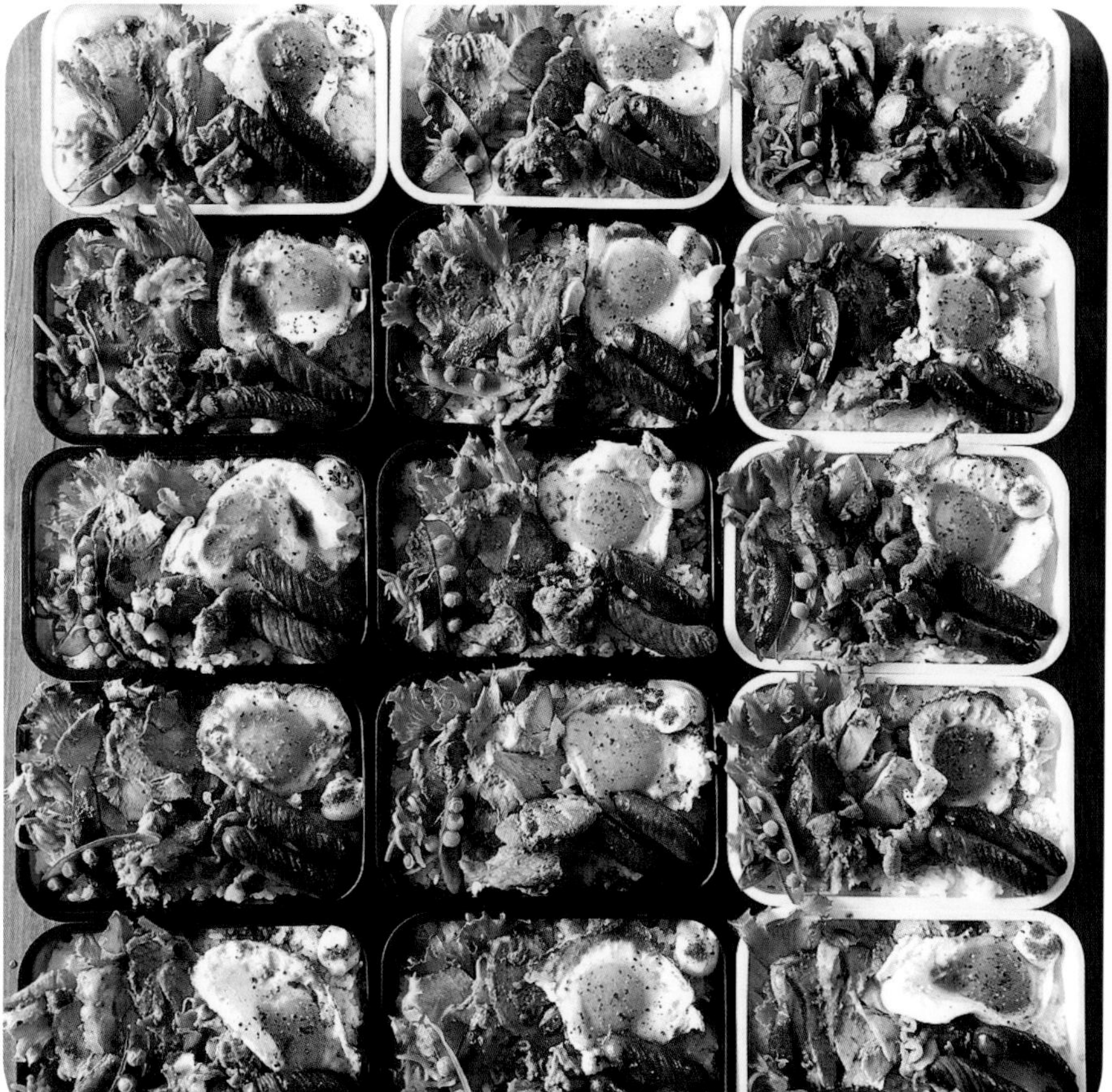

突然人数が増えて15人前！

カサ増しの秘技のひとつがこちら

寮の方は今治の人が多いので、今治B級グルメの甘めな焼豚卵飯が人気。で、その予定だったのに急に人数が増え、焼豚が足りなくてあせりまくり。窮余の一策で煮汁に豚コマを足してセーフでした。でも、この写真にインパクトがあったらしく、インスタのフォロワーさんが一気に増えた。結果が良ければすべてよし！

あきこの置き弁の詰め方

私のお弁当は、蓋を閉めて持ち歩かない「置き弁」。だから、普通のお弁当とは少し違うと思います。まず、かなり立体的。上に向かって立ってる感じ。横から見ると、結構すごいボリュームです。でももちろんお弁当なので、隙間があるのは変。上から見た時、ぎっしりに詰まっているように見えるのが、お弁当のいいところだと思います。日によって、まったく詰め方が違いますが、ある日のお弁当の詰め方を紹介します。

ご飯の詰め方は、魚の時は斜めにすることが多いです。長い魚がきれいに収まるので。そして、少しご飯に段差をつけるようにします。そうすると、魚がのった時に、きれいに見えます。

仕切りにはリーフレタス。チンする人がいるかもしれないので、アルミホイルやおかず用カップは使わず、お弁当の中身は全部食べられるものにしています。彩りもきれい。

今日の魚は、鮭の竜田揚げ。竜田揚げは、醤油と酒に漬けておいてから、片栗粉をつけて揚げます。濃いめの味がお弁当に合います。リーフレタスの上に置いて、下の隙間にはピーマンのきんぴらを。

どんどん隙間を埋めるようなつもりで、隣に、焼きタラコと枝豆のポテトサラダを。こちらも、上にはみ出しても構わないので、たっぷりめに高く盛ります。ピーマンの隣に来るので、白っぽいおかずを。

次の隙間には、茹で卵を。茹で卵は、半熟にすることもあれば、今日くらい、固茹で寄りにすることもあります。今日は、もう少しグリーンのものを詰めたかったので、ブロッコリーをさっと茹でて追加。

ここまできたら、あとは、彩り。やっぱり、欲しいのは赤と黄色でしょう。と言うわけで、プチトマトと梅干し、沢庵を追加。広島レモンもよく彩りに使います。安いのでJAで購入。

出来上がり

今日のもうひとつのメインディッシュ、アスパラのベーコン巻きをのせたらなかなか華やかになりました。詰めるのは楽しいですが、どう詰めようか、毎日ギリギリまで悩んでいます。

鯖の塩焼き
ニラと人参のオイスター炒め
小松菜の生姜炒め
ちくわチーズ
高菜漬け
焼きタラコ
椎茸のバター焼き
茹で卵

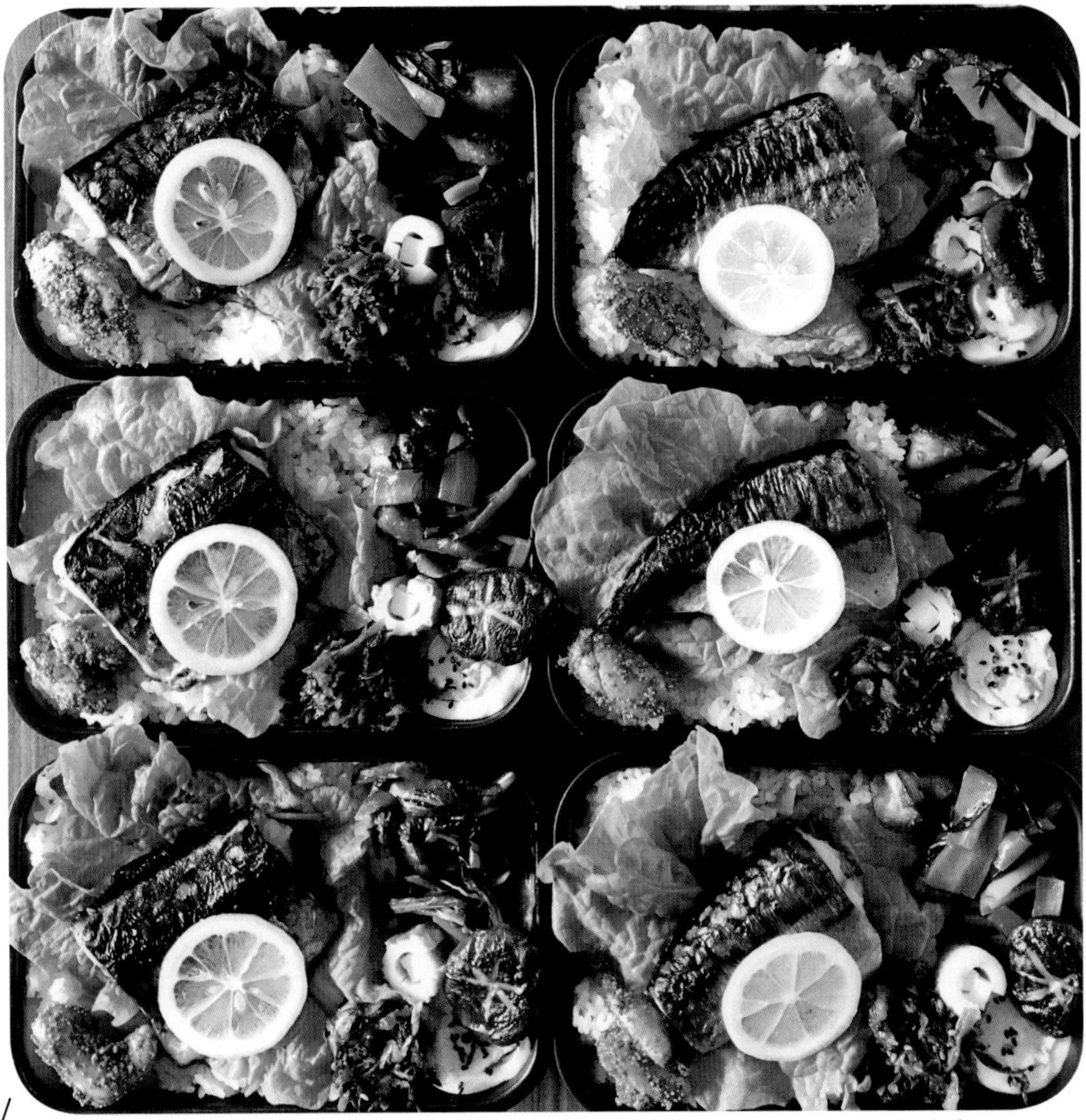

サンチュで鮮やかな彩り

焼き魚の焦げ目は後からつける

魚はオーブンで焼きたいのだけど、寮のオーブンは炎が出たりしたことがあって怖いんです。だから、焼き魚はフライパンでいったん中まで火を通してから、トースターで焦げ目をつけています。トースターもすぐ真っ黒に焦げるから油断大敵。ちょうどいい焼き加減になるまで、ストレッチしながら見守っています。

ごぼうの唐揚げ
豚肉のカリカリ焼き
豆のサラダ
ウインナー
ちくわのマヨ七味焼き
ミックスベジタブルの混ぜご飯
茹で卵

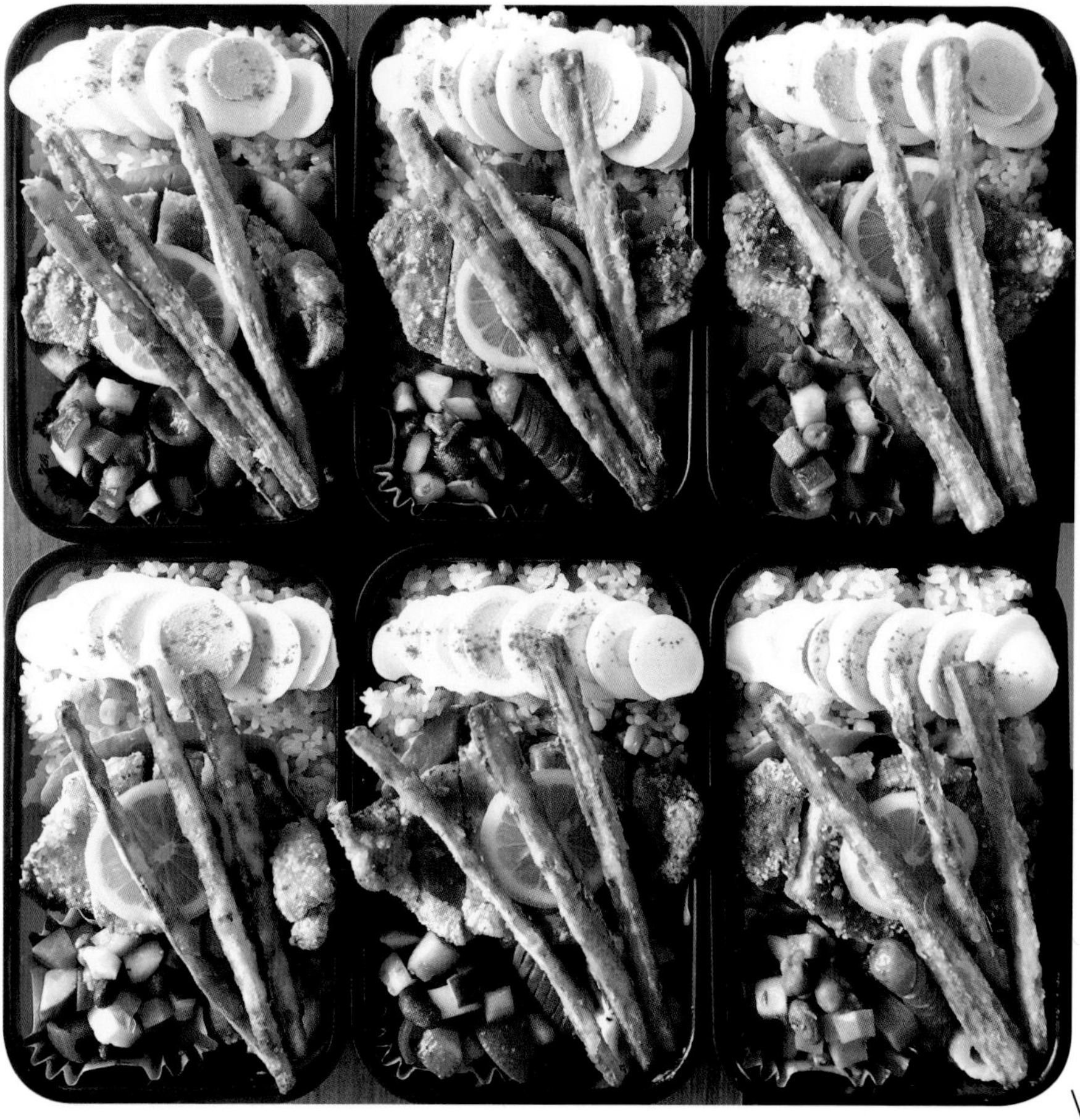

食べるのが楽しいね！

ごぼうは長〜く切ると面白い

ふと思いつき、ごぼうを長く切ってみた！　うーん、さてどうしよう。そこでひらめき、酒、醤油、生姜の絞り汁に漬けて味付けし片栗粉をまぶして唐揚げに。これ、抜群においしいです。後日、同じものを紙に包んでおいた弁当弁の横に置いといたら、寮の方やっぱりお箸と間違えたらしい。ふふ、引っかかったー。

かた焼きそば
麻婆
餃子
高菜漬け

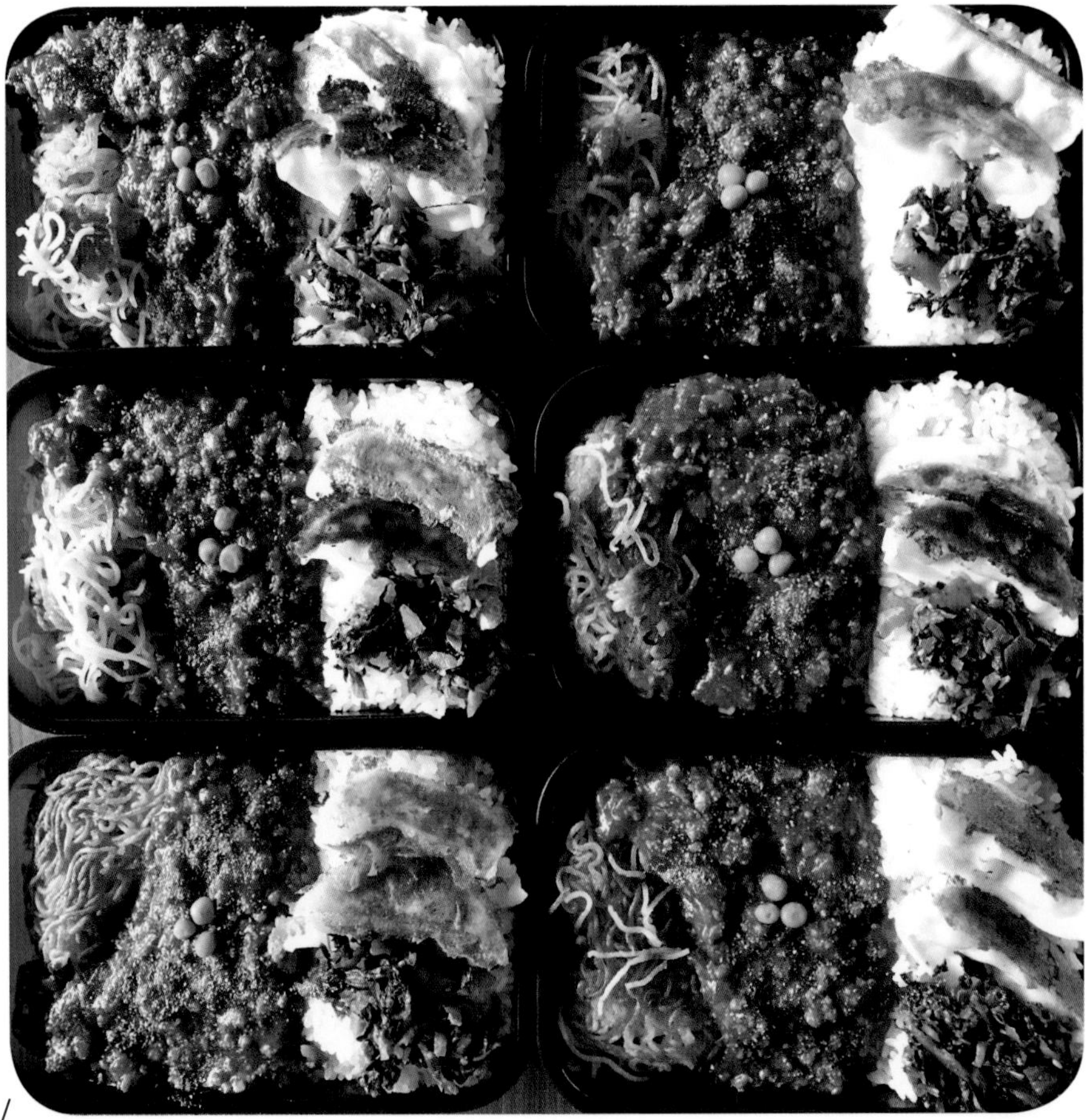

麺は焦げ目がつくまで焼く

麻婆丼と麻婆焼きそばの合体

焼きそばとご飯で二度おいしい麻婆弁当。麻婆は、豚ひき肉を、みじん切りの白ねぎ、にんにく、生姜、味噌、酢、醤油、酒、砂糖、豆板醤、コチュジャンと一緒に炒めて水溶き片栗粉でまとめます。中華そばは茹でてから、多めの油でカリカリになるまで焼き付けるとおいしい！　混ぜすぎないのがコツ。

ハンバーグ
海老フライ
フライドポテト
豆のサラダ
タコさんウインナー

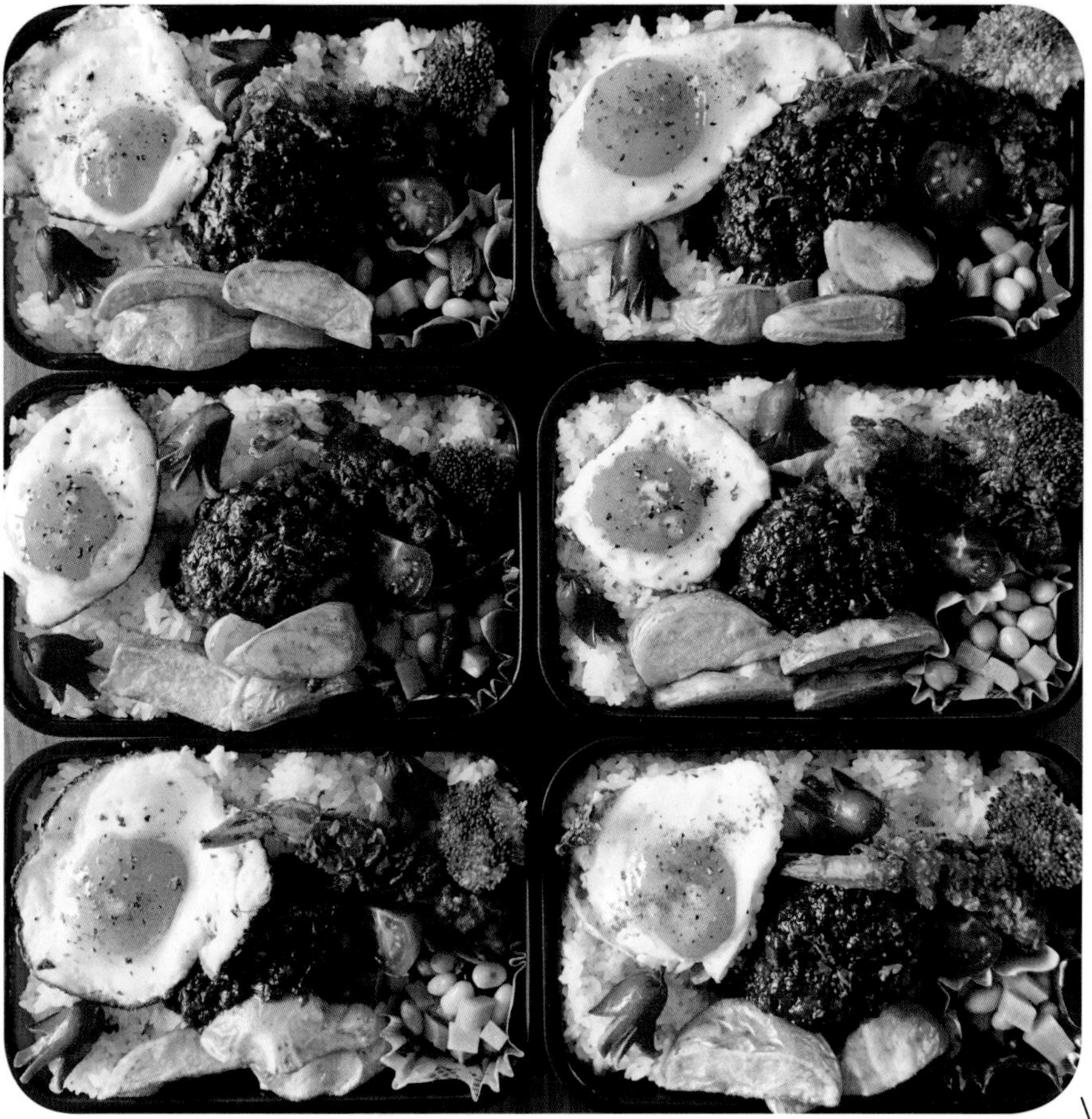

目玉焼きにはパプリカを

洋食弁当定番メニューで攻める

ハンバーグは、いつも多めに作って冷凍しておきます。前日に解凍しておくので、急に人数が増えると困るんですけど、成形し直してミートボールとかに変身させられるので便利。海老フライの衣はコーンフレーク。ミルクボーイがM1で優勝した時のネタ。タイムリーだったので、すぐに登場させちゃいました。

しそわかめのおにぎり
梅干しのおにぎり
鶏足の山賊焼き
キャベツと塩昆布
茹で卵

全部手づかみで食べられます

名店へのオマージュ弁当作ってみた

山口県に「いろり山賊」っていう有名なお店があるんですけど、広島県民が車の免許を取ったらまず最初に行く場所なんです。そこの名物料理が、真っ黒なおにぎりと、鶏の山賊焼き。このお弁当は、「いろり山賊」へのオマージュですね。山口県ということで、おにぎりには萩・井上のしそわかめを混ぜています。

置き弁26

かに玉
ガーリック炒飯
豚バラとニラのチヂミ
餃子

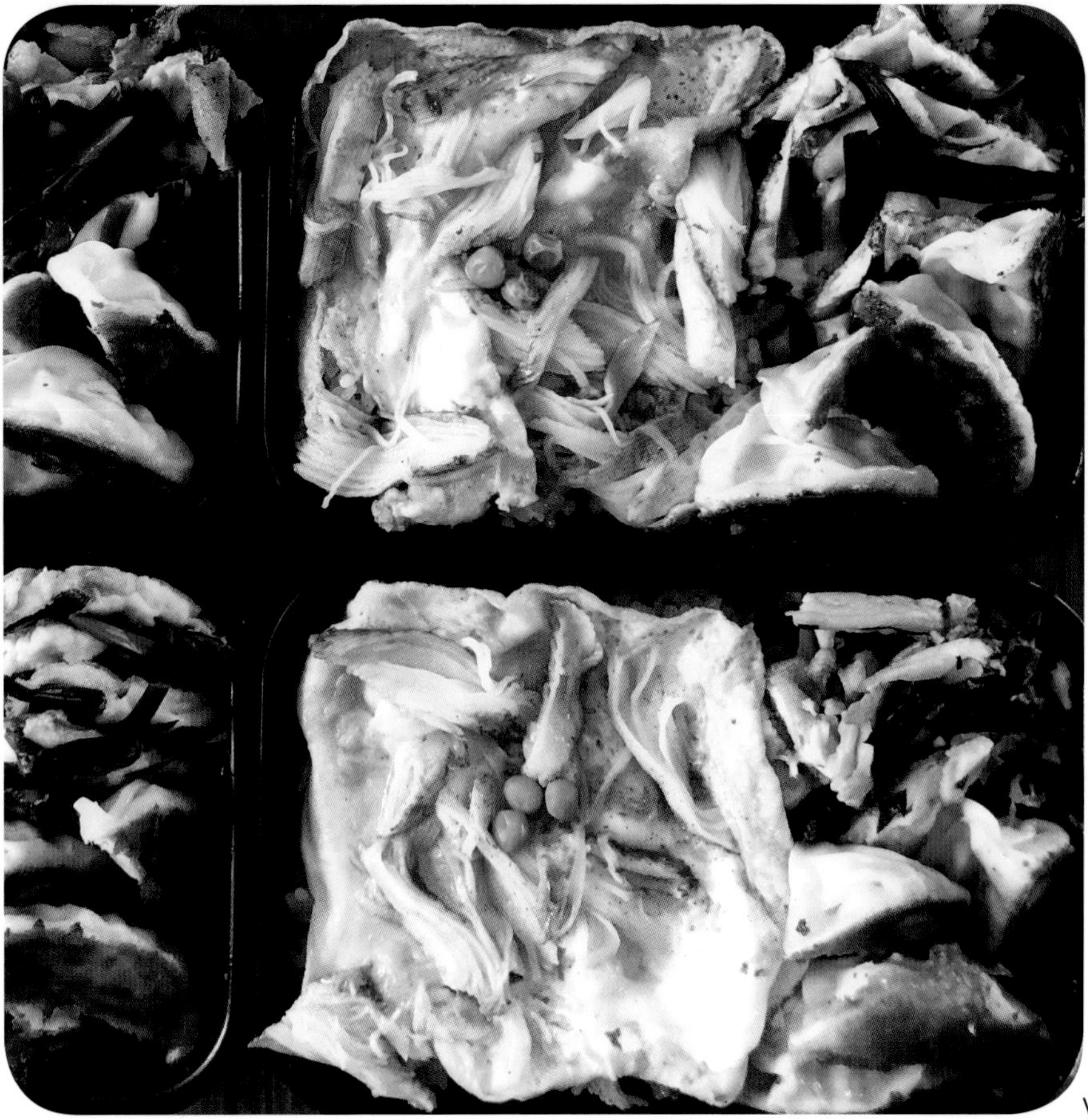

餃子は「餃子の王将」

かに玉丼なんですけど、かにをしっかり見せたくてオープンにしました。卵は塩・こしょうで味付けして。半熟気味のトロトロになるようひとつずつ焼きます。この加減、難しいですね。ご飯がガーリック炒飯なので、あんをかけるか、かけないか、ギリギリまで迷ったけど、やっぱりかに玉にはあんかけ！

とろ〜り。中身が見えるかに玉

豚の味噌生姜焼き
里芋の煮っころがし
ほうれん草のごま和え
卵焼き

＼丼感覚でご飯ごと食べて＼

生姜焼き味変して新味覚

生姜焼きも、たまには変化球。味噌、みりん、砂糖、酒、おろし生姜でタレを作って、隠し味にコチュジャンを加えます。豚肉と玉ねぎとしめじを先に焼いて、タレを絡めれば完成。里芋は多めに煮て、余ったら唐揚げとかにします。豚肉の上の白ごまとか、里芋の鷹の爪とか、こういうアクセントにはこだわってます。

高菜炒飯 赤魚の唐揚げ しめじと青梗菜の炒めもの 豆腐ステーキ 焼きタラコ ハム

豆腐を土台にしたら大成功

生の赤魚は安くておいしいから、よく使います。炒飯がピリ辛なので、味のバランスを考えて魚は塩・こしょうだけ。この日は材料がちょっと少なかったので、豆腐ステーキでカサ増しです。ナイショですけど。ハムも、ただ入れるだけじゃつまらないから、マヨネーズとチリパウダーでアクセントをつけてみました。

秋刀魚のペッパー焼き
ごぼうマヨサラダ
なすとピーマンの味噌炒め
ベビーハム
卵焼き
焼きタラコ
萩・井上のしそわかめ

井上商店のしそわかめ

お魚は斜めに入れるべし！

お魚は斜めに入れれば問題なし！ってこういうことです。秋刀魚だっていけちゃいますよ。塩焼きは登場したことがあるので、作ってみたかったペッパー焼きで。粗挽きの黒こしょうを振ってオリーブオイルで焼きます。ベビーハムは魚肉ソーセージ。小さい頃によく食べてました。郷愁の味ですね。

7色弁当

（炒り卵、ウインナー高菜炒め、豚バラ、人参のタラコ炒め、水菜、ごぼうの甘辛炒め）

７色は虹をイメージ

7色揃えラッキー弁当の完成

ひとりで仕事をしているので、頭の中はいつもグルグルいろいろなことを考えてるんですけど、この日は楽しくなるお弁当、ひらめきました。ラッキーセブン弁当！　楽しくてハッピーになるお弁当だってひとりで盛り上がっちゃいました。味のバランスを取りながら7色考えるの、実はすごく大変だったけど。

海老とニラの炒飯
焼売
一口揚げ餃子
タコさんウインナー
わさビーフマヨ

人気の市販品
わさビーフマヨ

生姜とねぎ、にんにくが味の決め手

白飯が余った時は冷凍して、量がたまったら炒飯にしています。この日は思ったよりご飯が少なくて、冷凍庫にあったおかずをどんどんのっけてしまった。焼売は2段重ねだよ。炒飯は市販の調味料は使わず、生姜とねぎで味を出すようにしています。同じように作っても、しっくりこない時もたまにありますが。

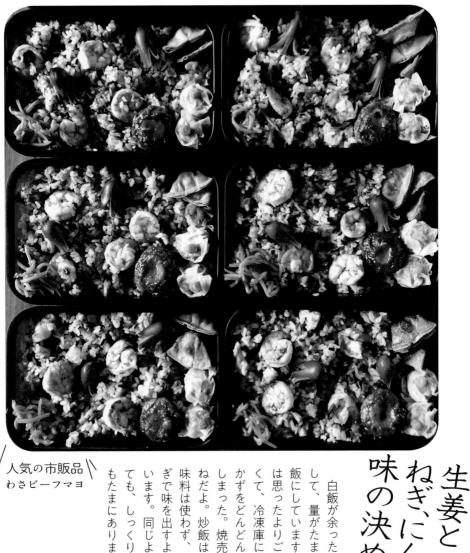

卵焼き
ごぼうと人参の豚肉巻き
じゃがボール
黒豆ご飯

目立たせたいおかずを中心に!

トマトが食べられない池田さん(P.5)。ケチャップもダメなのでじゃがボールのトッピングはマヨネーズです。ふたつだとおっぱいに見えるから3個入れました。ジャガボールを目立たせたかったので、豚肉巻きはあえて断面を見せない盛り付け。黒豆ご飯は、乾燥黒豆を酒と塩を加えたお米と炊き込みました。

豚肉のピカタ
ペペロンチーノチーズ
ゆかりのっけウインナー
人参のラペ
とうもろこしご飯

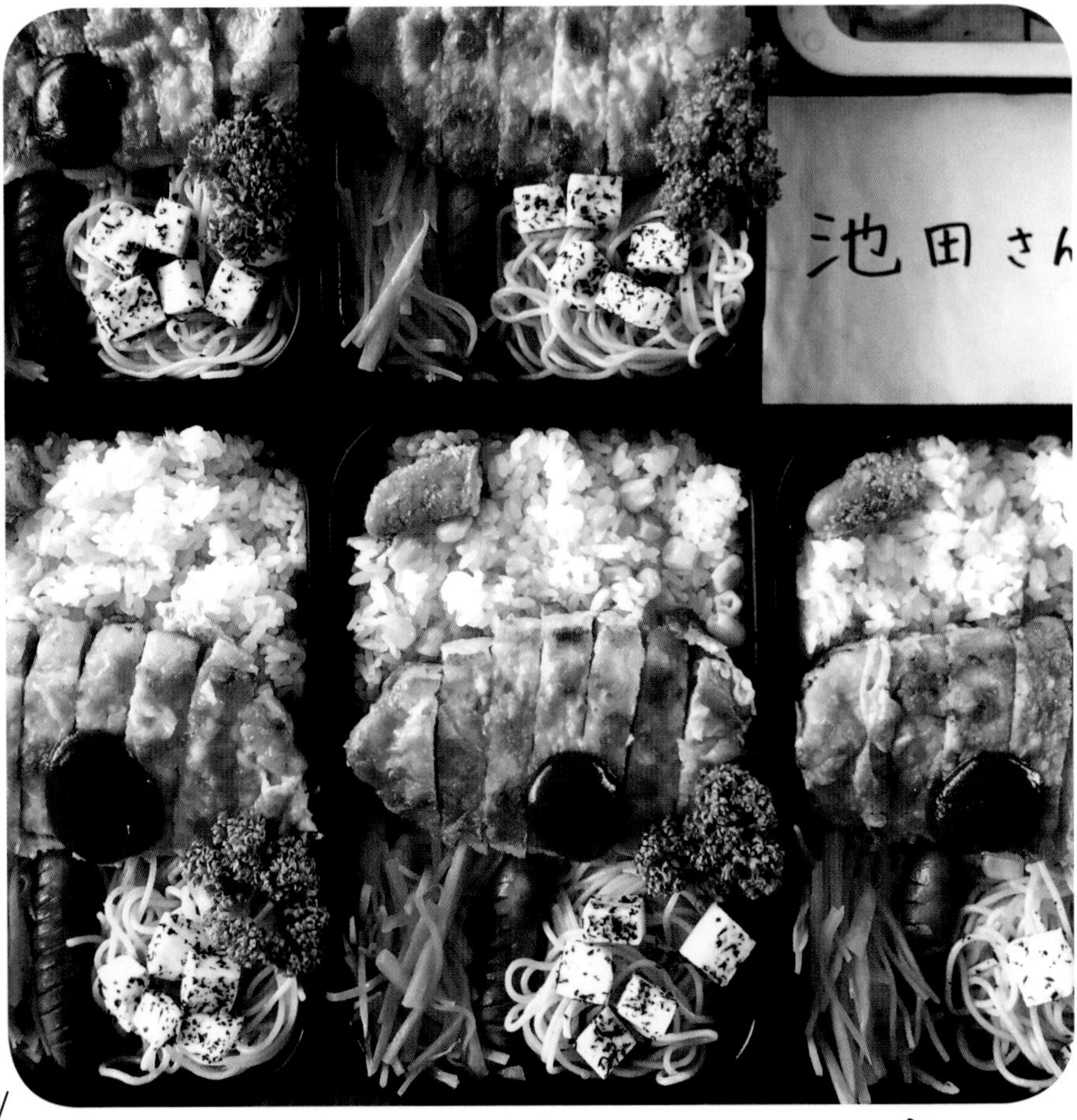

とうもろこし生じゃないとダメ

芯からおいしいダシが出ます

とうもろこしご飯は、とうもろこしの身を削いで入れ、塩とお酒で味付けします。炊く時に、とうもろこしの芯も入れるといいだしが出ますよ。ラペはシンプルにオリーブオイルと酢と塩でマリネ。クリームチーズにゆかりを和え、香りと塩味を加えて変化をつけます。池田さん用ピカタはもちろんケチャップ抜きです。

サムライねぎの豚肉巻き 卵焼き 豆のサラダ 鮭の混ぜご飯

塩焼き鮭をほぐして混ぜる

特産品のサムライねぎ登場!

東広島特産のサムライねぎ(P.130)は、火を通すと甘くなるので、豚肉巻きにして照り焼き味で焼いてみました。ねぎがトロトロになって甘くておいしい! 卵焼きっていろいろありますけど、私は黄身と白身をよく混ぜるのが好きじゃなくて。ざっくり混ぜて、焼いた時に黄色と白が分かれる見た目が好みです。

夏野菜のカレー

（人参、コーン、オクラ、なす、ズッキーニ、かぼちゃ、トマト）

見た目もこだわったカレー

玉ねぎと豚肉でシンプルなカレーを作って、素揚げにした夏野菜をトッピングしています。箸休めは、塩もみをした紫キャベツ。ご飯にはチリパウダーとパセリを振りかけて。なんといっても、この美しいラディッシュがポイントですね。これはもうこの場所に置くしかないと思って。完成度がぐっと高くなりました。

下にカレーが入っています

鶏の唐揚げ 花ソーセージ ドラゴンボール型バターライス

いでよ！
シェンロン!!

7人だからドラゴンボール登場

食べる人が7人揃った時に、いつかやろうと思っていたドラゴンボール弁当。滅多に7人にならないんだけど、急遽《きゅうきょ》出張の人がいらっしゃるというので。型がないので、星は全部人参を包丁で切って作りましたよ。中身はバターライスです。出張者は県外の方なので、広島名物（?）花ソーセージ（P.78）も投入！

コラム1

私の味の基本、「大将レシピ」

最初の仕事はパン屋さんでした。その後、まったく違う種類の仕事がしたくなって、「安芸《あき》の宿《やど》富楽《ふらく》」という店に入りま

土佐酢

南蛮漬けの時は 水.1.5カップ～

- 水…3カップ
- 酢…3カップ
- 砂糖…180g
- うす口…0.5カップ

追い鰹
昆布

水に昆布を入れて火にかけ、昆布だしをとります。酢、砂糖、薄口醤油も加え、沸騰直前に鰹節を入れて「追い鰹」。南蛮漬けの時は、野菜から水分が出るので、水は少なめにします。

天つゆ

- 水…4
- みりん…1
- うす口 濃い口 …}1
- 追い鰹

＋砂糖 で 丼物

☆冷やしうどんのつゆでもOK!

水、みりん、醤油をこの割合で小鍋に入れて沸かし、鰹節をひとつかみ入れます。みりんは火をつけてアルコールを飛ばす。後から鰹節を入れる「追い鰹」式だと香りがいいです。

天ぷら衣

- 黄身…1コ
- 水…720cc
- 片くり粉…少々
- 小麦粉…適量

卵と水を合わせたところに小麦粉を混ぜるのですが、ちょっとずつ小麦粉を加えるとグルテンが出て粘るので、一度に入れて、切るようにざっくり混ぜます。混ぜすぎないのがポイント。

だしまき卵

- 卵…5コ
- だし汁…150cc
- 砂糖…25g
- 塩…5g
- うす口…少々
- 片くり粉…15g

昼のお弁当は普通の卵焼きだけど、夕ごはんには、おつまみにもなる出し巻き卵を出します。下に卵液を流し込んで巻く時に、半分だけにして何度も巻くと、ふっくら仕上がります。

した。ここは、旅館兼寿司屋のような店で、定兼庄治さんという大将が経営していました。ここで働いたことが、今の仕事に生きています。

調理は主に大将がやっていましたが、盛り付けは私の担当。大人数の食材を見ていたので、いきなり寮母になった時も、そんなに不安じゃなかった。できるという根拠のない自信がなぜかあったんですけど、それはここでの経験があったからだと思います。

この店で覚えた味付けは、私の料理の基本。基本あってこそのアレンジですね。大将のレシピは間違いない。黄金比の味付けだと思います。

鶏の唐揚げ

・鶏肉…2kg
・酒…150cc
・しょう油…150cc
・卵…5コ
・しょうが、にんにく
・片くり粉…400g

寮の方に人気の唐揚げは、いろいろな味のバリエーションを作りますが、基本中の基本がこの割合。この味がわかっているから、もっと濃くしたり薄くしたりの調節ができます。

すし酢

1合
酢…24cc
砂糖…18g
塩…0.45g

酢を少し温め、砂糖と塩を完全に溶かします。昆布を入れて炊いたごはんが熱いうちに、すし酢をかけ回して切るように混ぜます。すし酢はこの分量を必ず守ってます。

うどんだし

・水…3600cc
・塩…30g
・砂糖…35g
・みりん…100cc
・うす口…100cc
・濃い口…50cc

昆布
追い鰹

だしに調味料を入れ、沸かしてから、鰹節をさらに足します。うまみ調味料は普段は使いませんが、うどんだしの時には少し入れると、味が決まります。

あきこのおにぎり

毎週水曜日はおにぎりとうどんの日です。週の折り返しだよ、残りも頑張れ！　っていう寮の人たちへの私からの合図。水曜日ってなかだるみするし、なんだかだるいじゃないですか。自分もそうなので、気分を変える意味もあり、お弁当箱じゃなくておにぎりとうどんにしています。

最初はおにぎりも普通の三角形だったんですよ。でも、三角形は縦にしか並べられないから頂点しか見えないでしょう？　中身が何かもぱっとわからないですよね。それはつまらないなぁとずっと考えていて、この丸いおにぎりを思いつきました。パン職人だったので、ご飯を手に持ったら大体の分量はわかるんです。だから全部ほぼ同じサイズで同じ重さ。具材にもよりますが、1合のご飯で3～4個作る目安です。もちろん全部手で握っています。たくさん食べたい方、そうでない方もいるので、お皿盛りのほうがいいですね。

見た目とインパクトにはこだわってますね。何がのせられるか、インパクトをどう与えるか、いつも考えてます。アイデアが浮かぶのは、お風呂に入っている時とか、ふとした瞬間。忘れちゃうから、すぐにメモします。でも、見た目は斬新かもしれないけれど、味はなるべく定番的なものになるようにしているんです。おかずとご飯が、おにぎりの形をしているという感じですね。

おにぎり1

厚切りベーコンのケチャップライスおにぎり

ベーコンの焦げ目がおいしい

ケチャップライスは寮のみなさんも大好き。ご飯はバターで炒め、隠し味に醤油を少々。アクセントに、ちょっと焦がす感じで焼いた厚切りベーコンをのせています。

おにぎり2

鶏味噌チーズ焼きおにぎり

鶏味噌とチーズの出会い

鶏ひき肉で作る鶏味噌にチーズをたっぷりのせて、トースターで焼きました。鶏味噌がこぼれ落ちやすいので海苔で巻いてみたけど、少しは食べやすくなったかなぁ。

おにぎり3

わさび昆布おにぎり

わさびの加減がポイント

オリーブオイル、塩昆布、わさび、三つ葉をご飯に混ぜるだけ。でも、わさびの加減が意外と難しいんです。入れすぎるとツンとするしね。結局自分好みの味で結果OK!

おにぎり4

厚切りベーコンとじゃがいものバター醤油おむすび

じゃがバタは最強!

じゃがいもはインカのめざめ。ベーコンと一緒にバターで炒めて醤油で味付け。ご飯に混ぜて、塩・こしょうもします。こんな感じの炒飯レシピを見て思いつきました。

おにぎり5

カニカマの酢飯おにぎり

すべり止めは必要ね

おにぎりの上に醤油マヨネーズを塗って、カニカマがすべり落ちないようにしています。特に決まってはいないんですけど、具が魚介系の時は酢飯にすることが多いかな。

おにぎり6

高菜明太のおにぎり

よく混ぜながら握るよ

焼き明太子と高菜漬けのおにぎりです。特に味付けはなし。焼きタラコとか明太子って、常にご飯と混ぜながら握らないと、最後にそれだけ残っちゃうことが多いですよね。

おにぎり7

肉味噌おにぎり

肉味噌パワーが隠れてる

たまには普通のルックスのおにぎりも作るんだな、と見せかけて、食べると中身はパンチのきいた肉味噌というギャップ。そんな簡単に、普通では終わりませんよ。

おにぎり8

餃子おにぎり

餃子のせるのもありね

餃子、おにぎりにしちゃったよ！ 自分でも斬新だと思ったんだけど、調べたらどこかのコンビニがやっていた。一番乗りだと思ったのに先越されてた。ちょっと悲しい。

おにぎり9

キムタコおにぎり

たこ焼きだって握るの

キムタク!! じゃないよー。キムチ炒飯とたこ焼きです。もうなんでものせちゃう。のせるというより、中央にくぼみを作って埋め込む感じ。青海苔とマヨネーズは必須。

おにぎり10

ミョウガ味噌入り大葉にんにくおにぎり

にんにく醤油で元気に

前日に大葉とにんにくを醤油に漬け込みます。ご飯にもにんにく醤油を混ぜて、ミョウガを刻んで肉味噌に混ぜたものを具に。大葉がない1個は余ったご飯でおまけ。

おにぎり11

キムタクおにぎり

ネーミングも大事ね

今日はキムタコじゃなくて、キムチと沢庵で、キムタク! 刻んだ沢庵は、炒めて水気を飛ばすのがポイント。ご飯にはごま油も混ぜます。炒めたニラも入ってますよ。

おにぎり12

豚の角煮おにぎり

お肉ごろごろで楽しい

前日に仕込んでおいた豚の角煮をのせました。かなり大きな口を開けないと、食べられませんよ！　側面にはぐるりと海苔を巻いて、一応持ちやすいようにはしてみた。

おにぎり13

ラーメンおむすび

ラーメン要素を再構築

チャーシューとネギとメンマ。ラーメンの定番トッピングを刻んで、中華ダシで炊いたご飯に混ぜてみました。ナルトを見ながらおにぎりを回すと、目が回っちゃうよー。

おにぎり14

厚切りベーコンとコーンのにんにくバターおにぎり

にんにくバター万能説

にんにくのみじん切りをバターで炒めて香りが出たら、厚切りベーコンとコーンを投入。ご飯と混ぜる時にみじん切りのパセリも入れます。ガーリックライスのイメージ。

タコミートとチーズのおにぎり

タコライスだっておにぎりにしちゃいます。タコミートはチリパウダーを入れてスパイシーに。チーズも一緒にご飯に混ぜ混ぜ。トッピングの目玉焼きはうずら卵で作りました。割るのが難しかった。黄身が白くならないように、蓋をしないで慎重に焼きました。崩れたのに当っちゃった人、ごめんなさい！

暑くなったら食欲をそそる赤いおにぎり

おにぎり16

サラミのおにぎり

サラミの歯応えいい感じ

サラミは千切り。固いから切るの大変なんですけど、おいしいから頑張ります。にんにくバターで炒めて醤油味に。粗挽きの黒こしょうがアクセントになっています。

おにぎり17

海老マヨと炒り卵のおにぎり

マヨネーズには醤油少々

海老は高いですからね。今日はひとり2個です。その分ご飯は増量してますよ。海老は鶏がらスープで茹でて醤油マヨネーズで和えます。ご飯には炒り卵を投入！

おにぎり18

○△□おにぎり

たまには形で遊びます

具材ごとに形を変えてみました。四角いおにぎり、難しかった！ 鶏マヨは茹でたささみを割いてマヨネーズで和えます。同じものを取らないでねって心の中で思いつつ。

おにぎり19

厚切りベーコンとチーズのカレーおむすび

みんな大好きなカレー味

本当はカレー粉を使いたいんですけど、高いからカレールーを使用。ルーを細かく砕いて炊きたてご飯に入れると、溶けていい具合に混ざります。真ん中はベビーチーズ。

おにぎり20

あさりの炊き込みご飯おにぎり

あさりご飯って大好き

暑かったので、冷やしうどん多めで、おにぎりはひとり2個にしています。出汁、酒、醤油、塩、昆布、あさりのむき身をお米と一緒に炊き込みました。三つ葉を混ぜて。

おにぎり21

イカと新生姜の炊き込みご飯おにぎり

新生姜を従えたイカ星人

ご飯に炊き込んだ小イカの中から、トッピング用を探し出すのがすごく大変でした。胴と足はバラバラになっちゃってるし。それを再度組み合わせるのに時間かかったー。

おにぎり22

ハムのおにぎり

スパムじゃなくてハムです

どこかのコンビニで見たことあるような……。からしマヨを下に塗って海苔も巻き、ハムが落ちないようにしています。ハムを照り焼き風味にしたので山椒粉をパラリと。

おにぎり23

花ソーセージのライスバーガー

花ソーセージを挟んで

寮の方たち、大きい人が多いのだけど、さすがにこのライスバーガーは解体しないと口に入りますまい。数少なっ、て思われるかもだけど、横から見たら納得するはず！

おにぎり24

肉団子のっけおむすび

コロコロした形がかわいい

もうおにぎり、なんでものっけちゃうよシリーズ。埋め込んでますけどね。スーパーに行っても、埋め込めるちょうどいいサイズの食材を探すようになってしまいました。

おにぎり25

つくねの照り焼きライスバーガータコウインナー付き

巨大だから解体して食べる

寮の方、ライスバーガー見て笑っておられた。どうやって食べるんって。解体して食べてくださいな。バーガーのピクルスをイメージして、焼いたシシトウをのせてみた。

おにぎり26

揚げ一口餃子のっけおにぎり

ラーメンの味がするよ

おにぎりはラーメンのスープの素でお米を炊いて、ねぎ、塩・こしょう、紅生姜を入れています。揚げ餃子のサイズに合わせて小さめに握ったから、今日はひとり4個。

おにぎり27

ウインナーのっけおにぎり

インスタ人気で話題に

インスタで大反響だったもの。面白がる人が大多数な中、気持ち悪がる人も少々。でもインパクトあったからよし！　ご飯にはパセリ、チリパウダー、粗挽きこしょうを。

おにぎり28

ソバメシ

炭水化物食べて充電だ！

働く人のお昼は、炭水化物、炭水化物、炭水化物‼　ソバメシは米と中華そばの割合や分量が難しいなぁ。普通は数を決めて作るけど、これは2～3個とアバウトです。

おにぎり29

ベーコンとチーズのおにぎり

照り焼きベーコンイケます

炊きたてご飯にピザ用チーズを混ぜておにぎりにして、ガーリック照り焼きにしたベーコンをトッピング。おにぎりとベーコンの味のバランスは、しっかり考えています。

おにぎり30

鮭と人参とチーズのおにぎり

塩鮭は蒸したら柔らか

塩鮭は焼くと固くなるので、蒸してほぐします。ワイン蒸しだともっとおいしいんだけど。人参はバター炒め。白いご飯にオレンジが映えるよう薄口醤油で味付け。

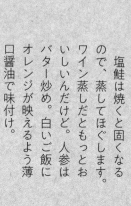

おにぎり31

松茸風おにぎり

松茸の顔をしたエリンギ

寮の方が今日は松茸ですかーって。おおっ！騙されたか？ エリンギでーす。松茸のお吸い物の素と刻んだエリンギを入れてご飯炊きました。上のエリンギは焼いてます。

おにぎり32

とうもろこしご飯のナゲット埋め込みおにぎり

ナゲットご飯も大成功

ちょうどよいサイズのナゲットを見つけたので、埋め込んじゃいました。バターコーンをご飯に混ぜて、ナゲットには欠かせないケチャップとマヨネーズをトッピング。

おにぎり33

炒飯の焼売埋め込みおにぎり

中華店の王道のペアで

埋め込みシリーズ！ 絶対においしいです。でも、焼売が柔らかいので握るのが難しかった。しかも炒飯はパラパラしてるし。って作ろうと思ったの自分なんですけどね。

おにぎり34

タコ、カニおにぎり ツナマヨ入り

みんなの好物が大集合

ウインナー、タコさんとカニさんがいるのわかります？ ご飯は白飯で、白ごまをふりました。ごっつい男性が、お子様仕様のおにぎり食べている姿を想像すると和みます。

おにぎり35

バターコーンご飯のアンパンマンウインナーおにぎり

応援の気持ちを込めて

新型コロナウイルスがはやり始めた頃に作りました。子供ウインナーだけど大人もきっと嬉しいやつ。みんな不安な気持ちでいるけど、元気を出してって応援したくて。

肉味噌入りおにぎり

うどんには自家製天かす必須！

ブラックorホワイトあなたはどっち？　芸能人の不倫騒動でグレーが話題だった時に、白ごまと黒ごまで作ったおにぎりです。中身は豚ひき肉の肉味噌。うどんには天かすを必ず入れます。天かすは、天ぷらを揚げた時にいっぱい作って冷凍しておくんです。ねぎ嫌いの人がひとりいるので、1個だけねぎなしですよ。

おにぎり37

海老と焼きタラコと卵の炒飯のおにぎり

炒飯とタラコは好相性

この日は海老が安かったので、贅沢にもひとり3個です。奮発したの、寮の方たちに伝わってるかなぁ。ご飯は、焼きタラコと卵の炒飯。タラコ炒飯おいしいですよ。

おにぎり38

わさビーフマヨのおにぎり

上手に活用します市販品

たまには冷凍食品も。特に、埋め込みにぴったりなサイズだと使いたくなっちゃう。わさビーフマヨは、ワサビマヨネーズ入りのミニハンバーグ。ご飯との相性抜群です。

おにぎり39

野菜寿司

トリコロールが鮮やか

めったに見かけない赤大根を見つけたので、紅白お寿司に。薄切りした大根に塩を振って、酢と砂糖と刻み柚子を混ぜたものに漬けました。三つ葉をのせてトリコロール。

おにぎり40

焼きタラコと高菜とチーズのおにぎり

タラコの食感を活かす

焼きタラコと高菜漬けを混ぜたので、かなりしっかりした味。タラコは手でざっくり割ってから混ぜると、適度にかたまりが残って歯応えのあるおにぎりになります。

おにぎり41

牛カルビマヨネーズのおにぎり

焼肉の味は白飯のおとも

これも冷凍食品を使ってます。マヨソースが入った粗びき肉のミニハンバーグ。焼肉のタレ味だから、嫌いな人はいないですよね。白飯が合うので、ご飯は味付けなしで。

おにぎり42

海老天入りおにぎり

あきこ流天むすはこれ！

海老天は1個に丸ごと1尾入っています。飛び出しちゃうから半分に切ってますけど。尻尾を出すのがポイント。でも、なかなか難しかった。外側は白ごまです。

海老と春菊の酢飯おにぎり

酢飯には春菊を入れて大正解

酢飯には、香りがよくてちょっとクセのある春菊が合います。ほうれん草や小松菜だと味がぼけちゃうんです。お高い海老は半分に切って増量作戦。海老の赤と春菊の緑のコントラストもきれいでしょう？　すし酢は大将レシピ（P.53）です。昆布を入れて炊くと、米がコーティングされて、時間が経っても固くなりにくい。

スコッチエッグ埋め込みおにぎり

具の味が濃い時には白飯で

スコッチエッグは市販品。大きかったので、おにぎりも大きくなってしまいました。なので、本日はひとり2個。中身を見せたかったので半分に切って。ご飯は白飯。パセリのみじん切りと、辛味なしで赤い色だけが欲しかったのでパプリカパウダーを振りかけました。

おにぎり45

厚切りベーコンと
ほうれん草と卵のおむすび

野菜チャージに
どうぞ

みんなに野菜を摂ってほしくて、ほうれん草をたっぷり入れました。一緒に炒めたほうれん草とベーコン、別に作ったスクランブルエッグをご飯に混ぜています。

おにぎり46

枝豆入りおにぎり
ミッキーのせ

可愛い見た目で
なごむ

市販のミッキー形ミニハンバーグはトースターで焼きます。枝豆は茹でて豆をさやから出し、塩味を付けたご飯に混ぜました。マヨネーズかけたらおいしいかも。

おにぎり47

海老と天かすの
おにぎり

食べれば不思議
海老天味

海老を揚げるのが面倒臭かったので、海老と天かすで、海老天気分。麺つゆを混ぜようかと思ったけど、白と赤がきれいなので、ご飯は塩味だけにしました。

おにぎり48

黒豆チーズのおにぎり

黒豆は炊き込まず混ぜて

黒豆を炊き込むとご飯が黒くなるので、戻して塩茹でした黒豆を混ぜます。角切りにしたチーズの角がご飯の熱で溶けるぐらいにするのがこだわり。温度が難しい！

おにぎり49

カルパスとコーンのおにぎり

面白い食感が口中に

カルパスって知ってますか？　コンビニでも売っている小さなサラミみたいなおつまみ。それを輪切りにして、おにぎりにしちゃいますよ。チリパウダーを振りかけて。

おにぎり50

サムライねぎ味噌のっけおにぎり

サムライねぎを使って

豚肉味噌にサムライねぎのみじん切りを混ぜたらサムライねぎ味噌。おにぎりにのっけて、ホイルにごま油を塗った上に置き、トースターで焼きます。香ばしいですよ！

おにぎり51

キムチとチーズの焼きおにぎり

ごま油の香りが最高！

キムチ炒飯にチーズを混ぜ、ごま油で焼きます。キムチ炒飯は、コチュジャンきいてますよ。コチュジャン好きなんです。カリッと焼いた食感とごま油の香りがいい感じ。

おにぎり52

カニカマと大葉の酢飯おにぎり

カニ寿司感覚で食べて

ちょっと暑い日だったので、大葉と酢飯でさっぱり。カニ寿司をイメージして作りました。カニカマは棒状のやつじゃなくて、すごくリアルに見えるお高いほうです。

おにぎり53

うめこと梅干しのおにぎり

梅干し好きならハマる

「うめこ」（P.131）は、カリカリ梅混ぜご飯のもと。トッピングも梅干しだから、梅干し好きにはたまりませんね。梅干しが苦手な人がいるかどうか、実は不明ですけど。

コラム2

広島名物、花ソーセージ。

インスタにアップすると、かわいい！　と大評判の花ソーセージ。子供の頃からよく食べていて身近なものなので、全国どこでも買えるものだと思ってました。でも、広島名物だって最近フォロワーさんに教えてもらってびっくり。初めて知りました。広島出身の寮の方も親しみがあるようで、

花ソーセージが目で、ケチャップがほっぺた。びっくり顔？

もっとご飯に張り付く予定だったんだけど、意外に弾力があって、やや失敗。

販促マガジン『ザ・プレミアムブック』の第16号に載せていただきました。

「花ソーセージだ！」って喜んでくれます。料理がパッと華やかになるので、とっても重宝。

　地元広島の福留ハムの商品で、直径5・5センチと結構太め。豚肉と鶏肉を使った細びきのボロニアソーセージとのことです。ピンク色が桜のようできれい。焦げ目がつくくらいちょっと焼くと、なおおいしいです。

おにぎりには薄めに
切って、フライパン
でカリッと焼きます。

桜みたいな色味がき
れい。黒ごまを振る
とさらにお花っぽく。

丸いご飯の上にのせ
るだけで、一気にか
わいさが増します。

大好きな広島カープ
のお弁当。下にはカ
レーが入ってます。

あきこの夕ごはん

お昼の用意ができたら一度家に帰ります。家で自分のお昼を食べたら13時くらいに寮に戻り、夕ごはんの準備を始めます。16時くらいをめどに完成するようにしています。

予算が限られているので、食材がかぶることはしょっちゅうあるんだけど、調理法や味や見た目をどんどんどんどん変えて、飽きない工夫をしています。基本的には、お肉料理とお魚料理、副菜、サラダ、ご飯という構成で、たまに汁物をつけたりもします。夜は急に食べない人もいたりするし、飲む人もいるので、どうしても大皿料理が多くなってしまうけど。人数が直前に変動するので、メニュー決めがなかなか大変なんです。

お昼もそうですけど、お魚好きな人、お肉のほうがいい人、野菜が苦手な人とかいろいろいて絶対に一致しないから、好みに合わせることはしません。私の作りたいものを作る！　夕ごはんはテーブルに置いておかず、冷蔵庫に入れておきます。お昼ごはんはみなさん食べる時間がほぼ一緒なので置き弁ですけど、夜は結構バラバラなので、安全面からも冷蔵庫に入れます。食べるときに各自温めてねって。私は17時に終わりで、寮の方たちが食べている場面にはいないので、どんな感じで食べてくれてるのかは想像するだけです。

夕ごはん1

ドリア

トローリ
チーズたっぷり

みんなが大好きな卵を入れて

熱したバターで薄力粉を炒め、常温の牛乳を少しずつ加えて木べらで練ってソースを作ります。炒めた鶏肉を加えて煮て、コンソメ、塩・こしょうで味付け。ケチャップライスにソースとチーズと卵をのせトースターで焼いて完成。温める時、チンしたら卵が爆発しますよと言ったら、そのくらい知ってますよーって。

手羽元揚げ

止まらなくなるうまさ！

ご飯にもお酒にも合うおかず

手羽元に、おろしたにんにくと生姜、塩・こしょうで下味をつけ、片栗粉をまぶして揚げます。醤油、砂糖、酒、酢、コチュジャンを火にかけてトロッとしてきたら手羽元に絡め、かいわれ大根を散らしてできあがり。白ゴマをまぶしても。ビールに合いますよ！　もちろんご飯にも。

夕ごはん3

チキンと大豆のトマト煮込み

鶏もも肉は大きめに切ること

たまには洋風煮込みで変化を

スライスした玉ねぎとにんにくを、オリーブオイルであめ色になるまで炒めます。玉ねぎは結構多め。一口大に切った鶏肉を別に炒めて加えます。ローリエ、コンソメ、蜂蜜、トマト缶、水煮大豆を入れ、弱火で15分くらい煮込みます。塩・こしょうで味を調えて完成。チリパウダーでスパイシーにしてもいいですね。

コロッケ

俵型や球型に作ることも

地元名産安芸津の芋を使って

赤土の粘土質の土で作っている安芸津のじゃがいも（P.131）は、ポテサラ、コロッケに最適。じゃがいもは蒸し器で蒸し、荒くマッシュして塩・こしょう。合いびき肉とみじん切り玉ねぎを炒めて混ぜたら形を整えて、はちわれを防ぐためにいったん冷やします。小麦粉、卵、パン粉をつけ、カラッと揚げます。

豚の角煮

卵は半分に
切って盛り付け

余分な脂を取り除いておいしく

豚の塊肉は一口大に切ります。煮崩れ防止のため表面を焼き付け、白ねぎの青い部分と生姜を入れて水から煮ます。いったん冷やして固まった油を取り除き、酒、醤油、みりん、1：1：1、砂糖少々と茹で卵を入れてじっくり煮込みます。前日に作っておくと味がしっかり染みてよりおいしいですよ。

鶏の南蛮漬け

南蛮漬けは前日に作ります

鶏胸肉を一口大に切って小麦粉をまぶして揚げ、漬け汁にすぐ漬けます。熱々のうちに漬けるのがポイント。漬け汁は、昆布だしに酢、砂糖、薄口醤油を加え沸騰直前に追い鰹。温めすぎると酢が飛ぶので注意です。あとは鷹の爪、玉ねぎと人参。たまに、レモン、カボス、安芸津名産ジャボンを入れたりします。

食べ応えとさっぱり感の共存！

夕ごはん7

ハンバーグ

肉汁あふれる定番ハンバーグ

冷やしてこねるのが一番のコツ

材料は、合いびき肉、炒めた玉ねぎ、卵、ナツメグ、塩・こしょう、パン粉、牛乳。炒めた玉ねぎとひき肉は冷やしておきます。このほうがお肉の脂が溶け出さず、ジューシーに仕上がります。この基本形に、トマト煮込み、デミグラス、おろしポン酢などなどソースを変えて飽きさせないようにしています。

おでん

一日がかりで作ります

じっくり煮込むから味が染みる

だしは鰹節と昆布。おでんの日は朝から、練り物以外の材料を下処理して弱火で煮込み、いったん冷まして味を染み込ませます。午後からまた弱火で煮て、最後のほうで練り物を加えて煮ます。練り物は同じのを2個入れたりしますが、人数分以上は、私が味見という名目で数の調整をさせていただいてまーす。

肉じゃが

大鍋で作るからうまい！

何度も味見するのが大事！

肉じゃがといえば小林カツ代さん。料理の鉄人見たなぁ。肉じゃが作るたびに思い出します。和食は大体、酒、みりん、醤油が1：1：1に砂糖少々。煮物系が一番難しいのでよく味見してます。これは大将（P.52）の教え。何度も味見して、味を決めていきます。濃くなると修正が効かなくなるので慎重に、慎重に。

豚肉のピカタ

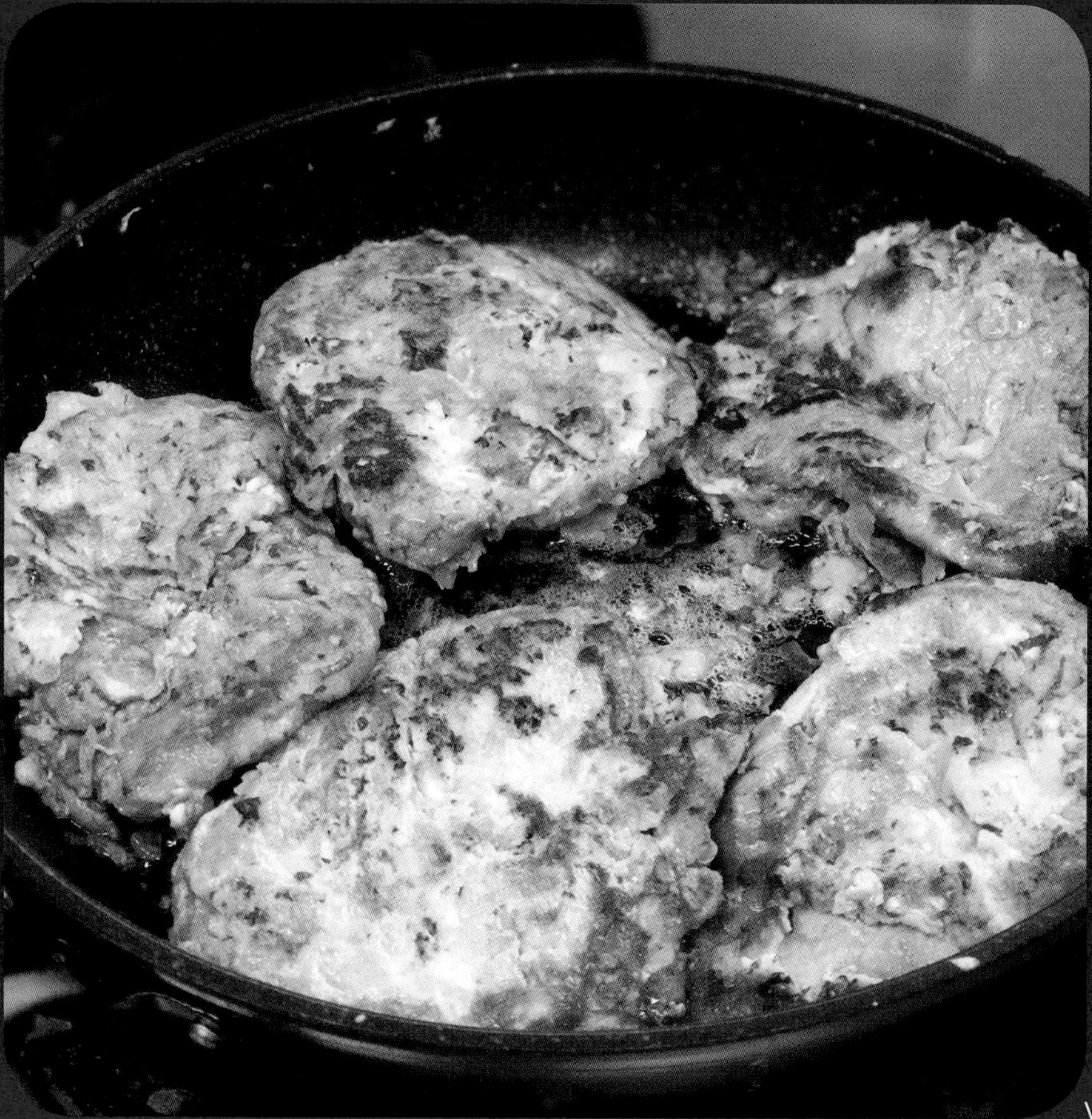

鶏胸肉で作ってもおいしい

焼く時に動かさずにじっと我慢

豚肉は焼いた時反らないように、筋切りをしておきます。塩・こしょう、小麦粉をまぶして卵にくぐらせたら、バターを熱したフライパンで焼きます。卵にパセリ、パルメザンチーズを入れたりもします。焼いている途中触りたくなってムズムズするけど、卵が剥がれやすいので、あまり触らないように我慢！

夕ごはん11

鯛の骨《こつ》蒸し

鯛の頭が手に入った時はこれ！

下ごしらえはていねいに

鯛の頭は熱湯にくぐらせて臭みをとり、血合いやぬめり、残ったうろこなどをきれいに洗い流します。タジン鍋に昆布を敷き、水菜や白菜、えのきなどお好みのお野菜と、酒、薄口醤油、鯛の頭を入れて蓋をして火にかけます。15分くらい蒸したら完成。これは鯛で作るのが一番おいしい。ポン酢につけて召し上がれ。

お好み焼き

広島だから
麺入りです

母直伝の味。生地は薄く丸くひいて、粉鰹、中華そばを入れ、大量のキャベツ、もやし、塩、その上に海老、イカ、豚肉などを豪快にのせます。繋ぎの生地をちょっとかけてひっくり返して蒸し焼きに。普通はそばは後から入れるけれど、母のやり方は途中でのせます。いろいろ研究したらしい。オタフクソースは必須。

母直伝！受け継ぎ作る評判の味

生春巻き

意外にも野菜嫌いな人にも大人気

生春巻きのリクエストがあるのでよく出しています。ごっつい男子たちなので意外。定番の海老、ささみ以外にも、チーズ、山芋などいろいろと入れてます。野菜嫌いな人もいるけれど生春巻きの日はよく食べてくれて嬉しい。タレは中華ダレ、マヨネーズに柚子胡椒を混ぜたものが人気です。タレがおいしいそうですよ。

タレの種類はいろいろあり

鮭のチーズ焼き

仕上げに
ちょっと醤油を

相性良い食材を一緒にプレートで

じゃがいもは大きく切って蒸し、多めのバターを熱したプレートで焼きます。塩・こしょうした鮭も加えて焼き、火が通ったらチーズをのせます。蓋をしてチーズが溶けたら出来上がり。お皿に盛って出してもいいのだけど、このプレートで出したほうがおいしく見えるのでこのまま出しました。雰囲気も大事。

夕ごはん15

酢豚

彩り野菜ばかりで作ります

野菜のシャキッと感を大切に

玉ねぎと人参を炒め、合わせ調味料（ケチャップ、砂糖、醤油、塩、鶏がらスープ、酢、水溶き片栗粉）を加えたら、下味をつけて揚げた角切り豚ロース、素揚げしたパプリカとピーマンを混ぜ炒めて完成。人数が多いので、炒め物はあまりしないのだけど、食べる前にチンすると思って炒めすぎないように注意してます。

天ぷら

衣があるだけ
つい揚げちゃう

少量の片栗粉を加えた卵水に小麦粉を少しずつ加え、切るように混ぜて衣を作ります。グルテンができちゃうので混ぜすぎに注意。海老天の揚げ方は、手に衣をつけてパッパッと油に落としたら、その上に衣をつけた海老をのせて、あくすくいで衣を海老の上にくるっとのせる。花が咲いたような天ぷらになります。

花が咲く揚げ方には自信あり

夕ごはん17

モツ鍋

うどんを
足して食べても

醤油味のモツ鍋食べて活力に

モツはちょっと高いので、たまにしか作らないのだけど、だからごちそう。つゆはだし、酒、醤油、みりんで。モツは下茹でしておきます。鍋類は最初、各自で煮るように置いていたのだけど、おひとりコンロも使ったことがないという方がいたので、煮て置いておくようになりました。その方の将来が心配……。

肉団子のとろろ汁

とろみで体がポカポカに

豚ひき肉に卵、長ねぎみじん切り、片栗粉、醤油、酒を入れて団子を作りフライパンでサムライねぎと一緒に焼いて焦げ目をつけます。だし汁に酒と団子を入れて煮て、最後に焼いたねぎと味噌、長いものすりおろしを加えて好みで七味をかけたら出来上がり。サムライねぎは、火を通した時の甘味が最高です。

地元産のサムライねぎを存分に

鶏の山賊焼き

あえて
ちょっと焦がす

山口名物 山賊焼きのタレは万能

骨付き鶏もも肉は、本当はつけ汁に漬け込んでローストしたいのだけど、寮にはオーブンないからなあ。フライパンで焼いてあとでタレを絡めてますよ。醤油、みりん、酒、砂糖と酢を少々、おろしにんにく、おろし生姜、粒こしょう少々です。この配合で豚肉を焼いてもいいし、万能タレです。焼いてる時からいい香り。

夕ごはん20

豚カツのおろしポン酢

高知県馬路村農協生産

厚切りの豚肉は、筋切りして塩・こしょうで味つけ、小麦粉、卵、パン粉をつけて揚げます。大根おろしは手で軽く絞るだけ。モリモリの大根おろしには、「馬路村ぽん酢しょうゆ」（特に赤キャップ）がめちゃくちゃおいしいのでオススメ！ちなみに赤キャップは幻らしいです。スーパーで見かけたらラッキー！

山盛りの大根おろしがポイント

麺シリーズ

麺

夕ごはんに麺。これも人気あります。
茹でたての麺を出せないので、
置いておいても伸びないメニューにしています。
そして忘れてはいけないのは、もちろんボリューム！
これ一品でも満足してもらえるように、
かなり大盛りです。
麺はうどんか、中華麺で。

冷やし中華

夏はやっぱり登場回数多し。ガラスの大鉢に盛るのが基本。野菜を食べてほしいのでいっぱい。麺はマルちゃん生麺を1玉とちょっと使用。付属ゴマだれにさらにすりごまをたっぷり加えて馬路村のポン酢を入れました。

五目あんかけ焼きそば

焼きそばはとにかく、多めの油でカリカリに焼くのが大事。炒めちゃダメなんです。中華麺をチンしてほぐしやすくしたら、油を引いた中華鍋に平たく広げて、そのまま放置。焦げ目がついたら裏返してさらによく焼きます。

肉味噌うどん

お弁当に入れることもある肉味噌を、たっぷり作ってのせます。今日はパラパラめですが、もっとウェッティにすることも。器は深いラーメン丼です。イメージは和風なので、のりと鰹節、紅生姜をトッピング。

カレーかけうどん

うどんはたっぷり2玉。いわゆるカレーうどんではなく、カレーかけうどんです。肉々しくしたかったので豚ひき肉をたっぷり使いました。卵は並べたかったので固茹でです。味は濃いめにして、醤油を隠し味に。

つけ麺

これでもか！　というくらい、チャーシューとサムライねぎを盛りました。肉がたっぷりあると幸せじゃないですか。とにかく、おおっと思ってほしい。つけ汁は、よだれ鶏を作った時の煮汁をベースにしています。

冷やし坦々麺

夏にぴったり！　広島名物冷たい坦々麺。タレは醤油、味噌、白練りごま、砂糖。これに片栗粉でトロミをつけて好みの濃さになるまで水を入れます。肉味噌にかけて最後、刻んだニラ、ラー油をたらして出来上がり。

サラダシリーズ

サラダ

野菜嫌いな方がいるから、
どうやったらサラダを食べてくれるか試行錯誤してます。
ある日、上に何か「パリパリしたもの」がのっていると
食べてくれる、ということを発見！
それ以来、このスタイルになりました。
レタス類は包丁を使わず手でちぎります。
そのほうが野菜からパワーが出るような気がして。

揚げ豆腐入り水菜サラダ

カリッとした食感が楽しい揚げ豆腐。揚げ物を入れると食べてくれます。茹で卵も隠れてますよ。

ポテトサラダ

ポテトサラダはサラダの仲間と認識されていないのか（?）、みなさんよく食べてくれる人気メニューです。安芸津赤じゃがが手に入った時に作ることが多いですね。丸ごと蒸して皮をむき、じゃ

鶏胸肉のサラダ

塩茹でした鶏胸肉を入れてます。鶏肉だけ食べないでねー。卵の数も守って！と祈りつつ。

ベーコンと生春巻きの皮サラダ

カリカリに焼いたベーコン、新玉ねぎ、戻した生春巻きの皮、入ってます。皮がもちもちしておいしい。

ポテトチップのせサラダ

ポテトチップも自作。人気ですよ。古いコンロで火力が一定しないので、かき混ぜながら揚げます。

がいも感が残るように荒くマッシュ。水気をしっかりと切った玉ねぎの塩もみ、きゅうりと人参の塩もみを混ぜてから、塩・こしょう、マヨネーズで味をつけます。最後に半熟の茹で卵を手で割って入れて、全体をざっくり混ぜます。卵は入ったほうが絶対おいしいと思う。お皿に盛ったら、黒こしょうをひきながらかけ、パプリカパウダーで赤みもプラス。

コラム3

大人気、カレー七変化！

カレーは、お弁当にもよく使っていますが、夕ごはんはまた特別。やっぱり見た目で驚かせたいので、いろいろ知恵を絞ります。またカレー？って思われたらさびしいので、ここは頑張りますよ！　基本的に、市販のカレールーをあれこれ取り混ぜて使っています。たまには本格的なスパイスカレーも作ってみたいんだけど、寮の方たち苦手だと思うので、まだチャレンジしていません。

①夏野菜たっぷりカレー

カレーの上に鶏肉、スペアリブ、ウインナー、素揚げした丸ごと玉ねぎ、かぼちゃ、なす、エリンギ、ズッキーニ、茹でたオクラ、人参、トウモロコシ、ピーマン、半熟卵。トマトも飾ります。ルーはかけ放題ですよ。乾燥バジルも入れたから今日は予算ギリギリ。

男性は、意外と味に保守的。スタンダードなものがお好きなので。

だからこそ、盛り付けや材料にこだわります。濃度も材料に合わせて変えたり。作っていても楽しい、それがカレーのすごいところです。

②豚カツのカレー

いわゆるカツカレー。豚カツは王道の豚ロースです。あえて盛り付けもシンプルに。パセリでレトロ感を出しました。カツがついても具はしっかり入れます。しめじ、玉ねぎ、人参など野菜を中心に。これはゴールデンウィークに入る前のお昼。これを食べて皆さん、自分の家に帰られました。

③鶏ひき肉のドライカレー

鶏ひき肉でヘルシーなドライカレーです。基本、カレーにはおろし生姜、おろしにんにく、ケチャップを必ず入れてます。玉ねぎ、人参などもみじん切りにして、カレールーを刻んで使ってます。ドライカレーは、なぜか丼にしたくなってしまう。

④ジョンソンヴィルのウインナーとチーズのカレー

じゃがいもと人参をゴロゴロッと入れて、ウインナーは焦げ目がつくように焼いて、チーズのっけてチンしています。熱々を食べてもらいたいから、私がお昼休憩でいなくなる直前に温めました。

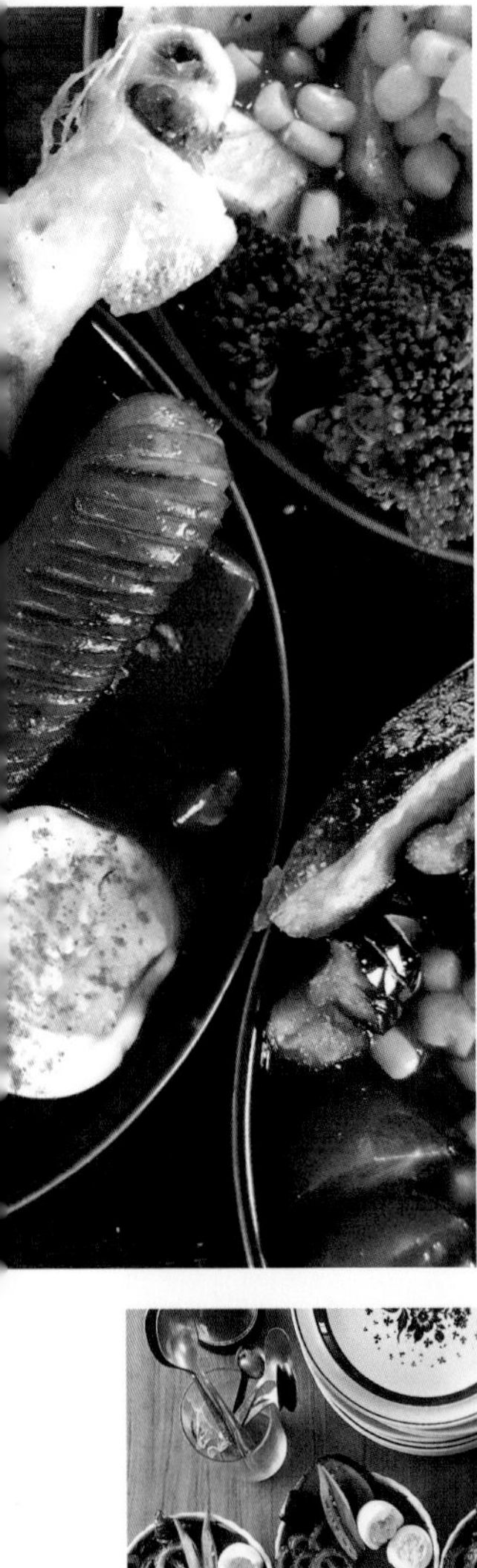

⑤サムライねぎカレー

サムライねぎをたっぷり使ったカレー。サムライねぎは火を通すと、グッと甘味が増すんです。たまにしか作らないせいか、人気ありますよ。シャキシャキ感を残したいから、ねぎは最後に入れてます。

⑥ゴーヤカレー

夏なので、チキンカレーにゴーヤ入れてます。ゴーヤが苦手な方もいるかもですけど、カレーだと食べちゃうところがすごい。トッピングは、オクラ以外素揚げしてます。オクラは揚げたら粒々が顔面に飛んできそうだから、焼くか茹でるかしてます。

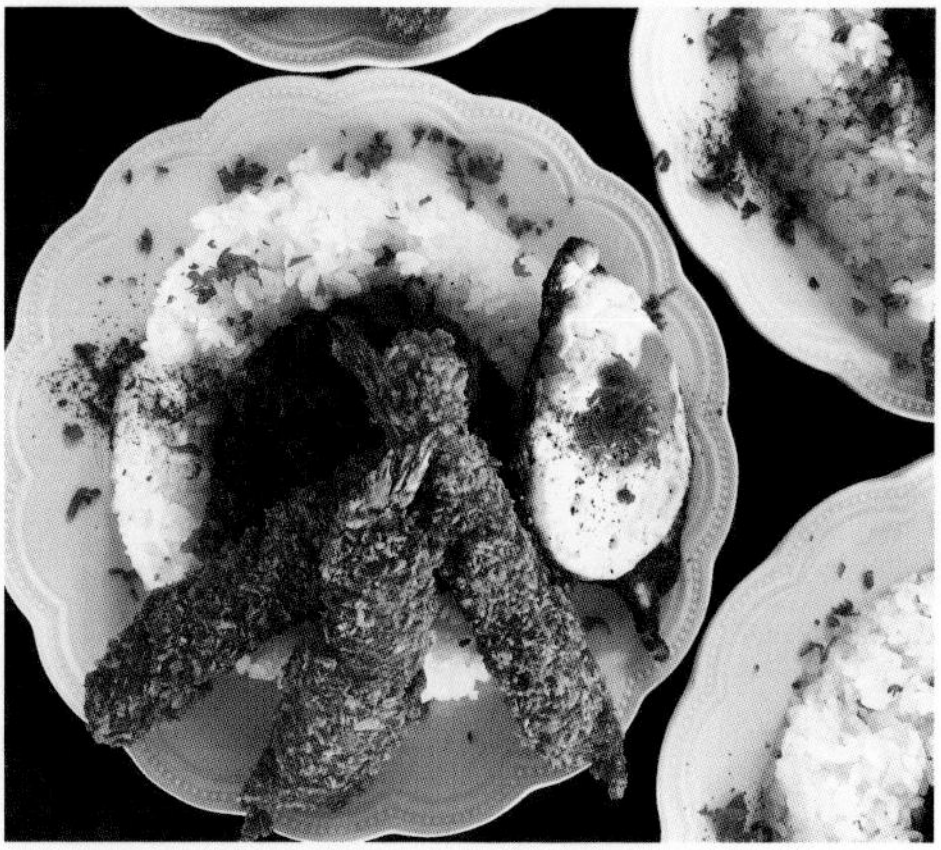

⑧ドライカレーと海老フライ

洋食屋さん風のカレー。ご飯は手で形を作ってます。カレーは盛り付けやすいように、ひき肉と玉ねぎがメインで水分少なめ。最後にパセリのみじん切りを散らします。チリペッパーも振って、彩りよく。

⑨2種のカレー

ほうれん草としめじのカレーと、ひよこ豆のカレー2種類です。鶏の唐揚げ6個もトッピング。盛り付けは船をイメージ。2種も食べれるなんて、贅沢なカレー。家じゃしないよー。

⑦スープカレー

和風出汁をきかせたスープカレーです。サラサラのカレー。ルーが少ないカレーって思わないかな。玉ねぎは、すりおろして炒めてます。カレーうどんの時も和風出汁入れてます。粉のですけどね。

あきこのワンプレート&のっけ丼

丼物は高さが出るように盛り付けると、迫力が出るのと、豪快感が増します。どんどんどん積み上げていきますよ。おかずの下にレタスをたくさん置いてより高さを出したり、ねぎや白髪ねぎで迫力アップしたり。寮の方たちが見たときに、わっ！　ってなってほしい。盛り盛りすぎて、なかなかご飯まで到達しないかもですけど。

気分を変えるために、たまに夕飯をワンプレートにすることもあります。金曜日には、１週間お疲れ様の気持ちを込めて、おつまみプレートを作ることもあります。盛り付けは、料理を全部作ってから考えます。全体のバランスを見て盛っているけど、なんとなく左奥にご飯、中央に高さがあるものを盛る感じ。もしくは奥を高く、手前を低く。高さを出したい時は、小鉢のような器を使ったりもします。タレをかけるものは、タレを器に入れて添えます。

彩りも大事で、チリパウダー、パプリカパウダー、黒粒こしょう、パセリ、などなど使い分けて、パラリとかけてます。あと、きゅうりや、プチトマト１個、沢庵１切れがあるかないかで見栄えが結構違う気がします。アクセントになる差し色は大事。隣同士色がかぶらないように、というのも気をつけているかな。皿が見えなくなるまで隙間なく盛るというのは鉄則です。

主役は
こぼれるタルタル

鶏天丼はうず高く盛り付ける！

今日は昼過ぎから、みなさん食堂で、書類仕事してました。これが出来上がった時もまだ仕事中。このモリモリ丼が見えぬかー！　丼は盛っているとどんどん高くなっちゃうけど、こっちのほうが絶対おいしい（と思う）。下にレタスをしいて高さをプラス。タルタル山盛りでさらに高さをアップ！　垂れてる感、大事。

ひとつだけ
お皿が足りず……

鶏のクリームソースはごはんに合う

鶏肉を塩・こしょうで焼いて、きのこ入りホワイトソースをかけました。ソースは、グラタンのホワイトソースより牛乳の量を減らして作ります。ごぼうスティックとサラダを添えて。ごぼうスティックは酒、醤油、生姜の絞り汁につけ、片栗粉をまぶして揚げてます。魚とか鶏肉の竜田揚げは基本この味付けです。

たっぷりネギソースの鶏唐丼

鶏肉は業務用の大きいのを購入。安いのでよく使っています。唐揚げの登場回数多いかも。でも味付けは変えてますよ。ネギソースはにんにくと生姜のみじん切り、赤唐辛子、酢、醤油、砂糖、ごま油、水、白ごま、ネギみじん切りです。油淋《ユーリン》鶏《チー》もこのタレ。レモン、添えてはいるのだけど、絞ってるかは謎です。

クリスマスプレートでパーティ気分

クリスマスもみなさんお仕事。せめて夕飯はみんなでワイワイ食べてもらえるように、オードブルにしました。骨付き鶏もも肉はバターで焼いて、酒、醤油、ウスターソース、蜂蜜、酢、粉チーズで味つけ。イベントの時は私も張り切って、隣町まで買い出しに行っちゃいます。イベントごはん大事にしたい。

主役はキャベツ入りメンチカツ

メンチカツは家でもほぼ作ったことがなく、ひき肉系は油がすぐ傷むからあまり作らないのだけど作ってみました。おいしかったかな。きんぴらごぼうは基本、ごま油、酒、みりん、醤油、砂糖なんですけどオリーブ油とにんにくで味変する時もあります。冷奴は手で割ります。そのほうがおいしそうに見える気がして。

マリネは
グラスに入れて

鶏のハーブ焼き カフェ風 ワンプレート

鶏肉はS&Bの「マジックソルト オリジナル」をまぶして焼いてます。一口大に切ることもあるけど、1枚のほうが食べたぞっ！って満足感があると思う。味見はできないけどね。サラダは基本、オリーブ油、酢、塩・こしょう、蜂蜜ですが、時々、ポン酢、醤油、わさび、柚子胡椒、レモン、パセリなど入れて味変。

レタスも大盛りタコライス

合いびき肉とみじん切りの玉ねぎを炒めて、塩・こしょう、ケチャップ、ウスターソース、砂糖、醤油、チリパウダーで味付けしてタコミートを作ります。器にご飯を盛り、レタス、タコミート、トマトの順にのせ、チーズを散らして出来上がり。レタスのシャキシャキがおいしい。お好みで追いチリパウダーを。

ジョンソンヴィルのソーセージ

// 歯応え抜群 ソーセージはこれ \\

これぞガッツリ男丼

厚切りの豚バラ肉とジョンソンヴィルのウインナーをのっけたガッツリな丼。タレ多め！　わしわし食べてくだされ。タレは山賊焼き（P.100）の材料です。甘辛味って、本当にご飯が進みますよねー。ウインナーは買ってきたらすぐに冷凍していつも常備してます。半解凍で切れ目を入れると、きれいに切れますよ。

揚げものダブルのもりもり丼

寮の方が食堂でお仕事してましたが、どんぶり出来上がったので、いつものごとく写メを。皆さま、まったく無反応。今日は男性の好きなものばかりを丼にしてみました。唐揚げ、海老フライという揚げ物攻撃のとどめは、てんこ盛りのポテサラだ！　カメラのシャッター音が、静かな食堂内に鳴り響く……。

ケチャップと相性抜群バターライス

ケチャップソテーは、鶏肉に片栗粉をまぶして焼き、ケチャップ、醤油、酒、蜂蜜、おろしにんにくを混ぜて絡ませてます。目玉焼きは多めの油でまわりがカリカリになるまで焼きます。黄身を濁らせたくないので、蓋はしません。ご飯はコンソメ、薄口醤油、塩・こしょうを入れて炊き、バターとパセリを混ぜて完成です。

手間ひまかけたビビンパです

寮の方の好きなビビンパ。お肉は豚肉を使用。ちょっと甘めに味付けています。ナムルは種類ごとで、塩味とか醤油味とか、ちょっとですけど味を変えてます。別に温玉を用意してるのだけど、冷蔵庫の中でフルーツに見えるのか、何故か使ってないことが何回か。ちゃんと全部かき混ぜて食べてるのか、気になる。

焼豚と豚カツのWで隙間なし

ワンプレートを作る時はいつも、料理を全部作ってから最後に盛り付け方を考えるのだけど、この時はちょっと作りすぎたかも。焼豚はご飯にのせるつもりではなかったのだけど、置くとこなかった…。隙間なくのっけたいので、彩りも含めてトマト重要。池田さんのにはのせられないけど。盛る時が一番楽しい！

お子様ランチのお兄さん版！

この日はバレンタインデー。特に何も関係ないですけど、お子様ランチ風にしてみました。ハンバーグにかけたホワイトソースには、千切りした生姜を入れてます。チキンライスは、野菜ミックスとケチャップを炒めて水分を飛ばしてからご飯を加えます。あ、池田さんの、トマトは外したのにチキンライス…。

カレーが
別添えの最強丼

ご飯とうどんが隠れてる丼!

以前作ったコーンフレークの海老フライがおいしかったみたいなので、今回は豚肉で作ってみました。実はこれ、この下にうどん、またその下にご飯があります。豚カツ屋さんにあったメニューを真似っこ。うどんとご飯が柔らかくならないように、カレーの具をちょっとだけのっけて、ルーは別に置いてます。

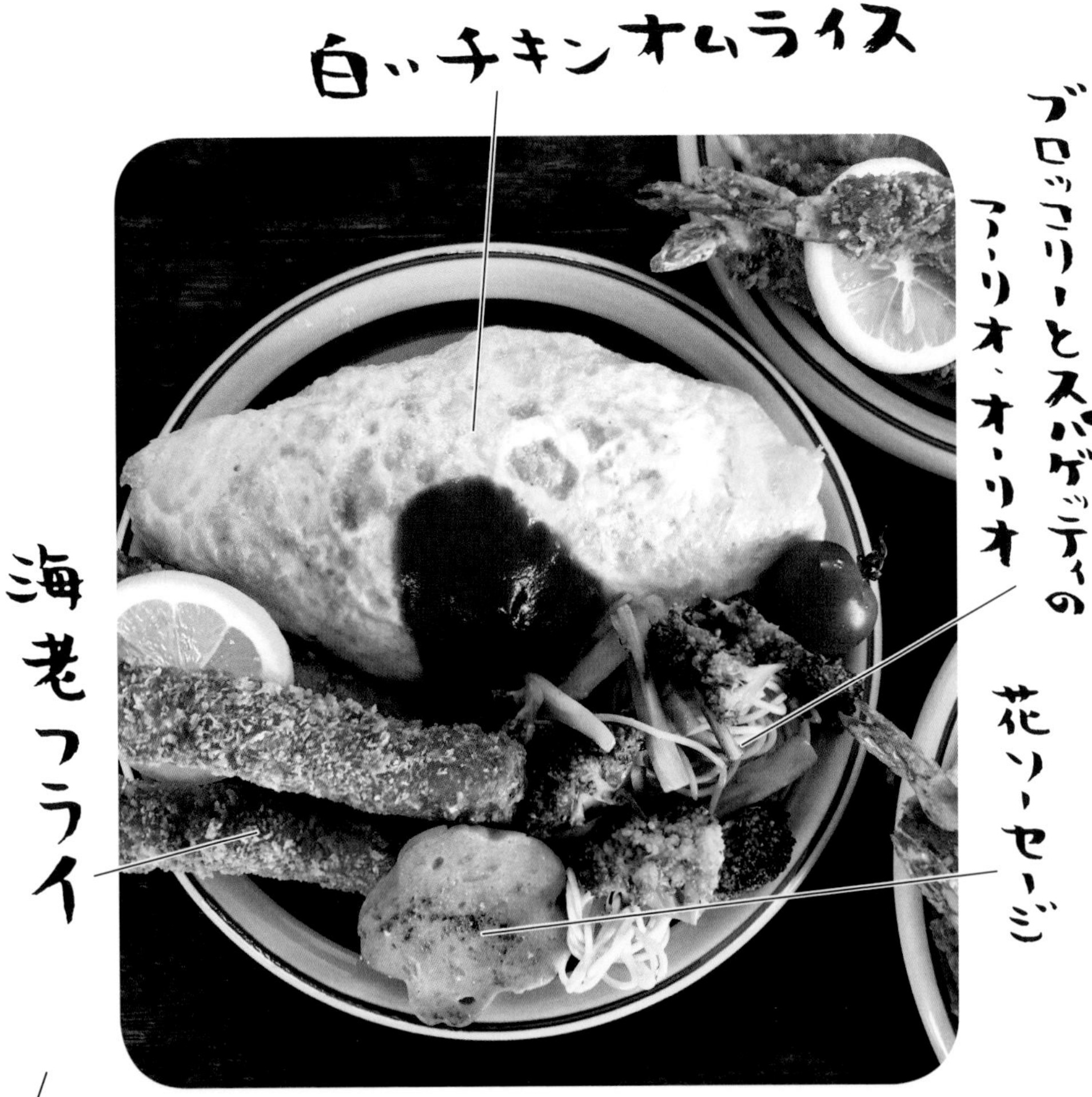

ブロッコリーは
茎も一緒に

中身は赤くないオムライス

オムライスのご飯は、鶏肉とベジタブルミックス入り。バターと塩・こしょうのみのシンプルな味付けです。ケチャップオムライスもいいけど、白いオムライスも素朴で良いなあ。ご飯はお皿にのせて、ラップで形を作ったら、そこに薄焼き卵をかぶせて形を整えています。ひとつひとつ作るから手間がかかります。

天つゆは
別添えで

大葉の花が咲く大盛り天丼

大葉が100枚178円だったので、大葉たっぷりの天丼。大葉のお花になりました。ご飯とご飯の間には鶏そぼろを忍ばせてます。衣を手でぱっぱっと油に散らして、裏面に衣をつけた大葉を入れ、カリッと揚がったらちょっとだけひっくりかえして出来上がり。天つゆは、別に用意してます。かけてもつけても。

居酒屋風おつまみセット

海老入り焼きそば、目玉焼き
骨付き鶏もも肉の山賊焼き
花ソーセージとカニカマの天ぷら
梅干しおにぎり

宮島の新名物で、もみじまんじゅうを揚げた「揚げもみじ」というのがあるんだけど、それがあるなら揚げ花ソーセージもあっていいじゃない？　この花ソーセージ天、宮島で商品化できないかな。狙ってます。

豚つくね、鶏皮のパリパリ焼き、
ポテサラ、枝豆、ちくわチーズ、
かまぼこ、焼きタラコ

鶏皮は油を引かずにカリカリになるまで焼いてます。鶏皮にはチリパウダー、つくねには白ごま、ポテサラに黒胡椒を。蒲鉾にマヨネーズ挟んで七味。このちょっとかけるのがポイント。あと沢庵の彩りもプラスして。

やげんなんこつの照り焼き、
タラコとじゃがいもまんじゅう揚げ、
竹輪天、キャベツと塩昆布、
出汁巻玉子と大根おろし

タラモサラダの予定が、急遽人数が変わったので、丸めて揚げちゃいました。大根おろしにはお醤油。食べるときに醤油取りに行かなくてもいいし、優しさというかなんというか。奥側に高さをもってきてます。

横から見てみたらびっくり！

上から見ると、一見普通に盛られている炊き込みご飯。横から見ると、あっと驚く盛りっ盛り。日本昔話盛りです。わざと小さい器に盛ってます。これ見るだけでなんだか幸せ〜。みなさんに満ち足りた気分になってほしくて。芋けんぴはご飯のおかずにはならなかったかな。ま、デザートということで。

コラム4

地元の食材を使いたい！

よく買い物に行くJA芸南の直売所「ふれあい市」。ここでは、地元の野菜をたくさん売っています。生まれも育ちも安芸津の私としては、なるべく地のもの、生産者の顔が見えるものを使いたい。農業をやるのは大変。その苦労を知ったうえで食べるのは、やっぱり違います。インスタのフォロワーさんが増えてからは、ますます広島の食材や食品を知ってもらいたいと思うようになり、積極的に使ってます。

サムライねぎ

お店でも人気ですぐに売り切れてしまう、サムライねぎ。彩りとして、私の料理には欠かせません。志和町にある「ねぎらいふぁーむ」の代表、八幡原圭さんは、京都の九条ねぎ農家で修業。広島の土壌に合わせて改良し、厚みのある葉に作り上げていったそう。まっすぐ伸びる葉が、刀のように見えるから「サムライねぎ」。細いけどシャキシャキした食べごたえのある食感で、他のねぎとは全然違うんです。生のまま小口切りにして、料理にたっぷりトッピング。火を通せば甘みたっぷりになりますよ。

シャキッとしていて見た目抜群！

元気な葉を見るとワクワクします。

なんて男前なチラシなんでしょう！

がんす

「がんす」は「〜でございます」という意味の広島弁。食べ物の「がんす」は、魚のすり身に玉ねぎを入れてた練り物をフライにしたものです。いろいろな店が作っている、広島のソウルフードですね。小さい頃から食べていたので、特別なものとは思ってなかったのですけど、インスタに上げたら知らない人がたくさんいました。揚げてあるのでそのまま食べられるけど、ちょっとオーブントースターで焼くとおいしい。

おにぎりにしてみたら、みんなびっくり！

安芸津の赤じゃが

安芸津産のじゃがいもは、本当においしい！　赤土で作っているので赤じゃが。この「赤」マークのじゃがいもがあったら、即買います。普通のスーパーでは売っていないこともあり、ＪＡ直売所の人気商品です。ほくほくで少しねっとりした滑らかな感じ。他にはない味です。

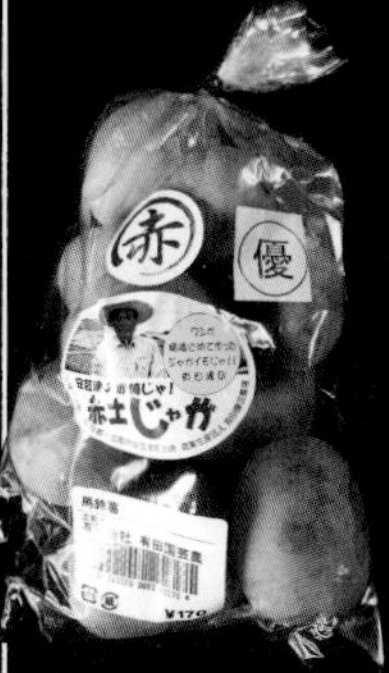

これはお値段170円。皮もつるんとしてきれいです。

いつも丸ごと蒸して使います。

三島の炊き込みわかめ

いろいろなふりかけを作っている、広島の三島食品。赤しそのふりかけを「ゆかり」と名付けたのは、この会社だそうで、商標登録になっています。炊き込みわかめは、ただふりかけたのではダメで、あたたかいご飯に混ぜてしばらく置くことがポイント。お弁当やおにぎりに大活躍。同じ会社の「うめこ」にも最近はまってしまって。カリカリした食感が残るのがすごい。

こちらの炊き込みわかめは「広島菜入り」！　うめこも混ぜてから柔らかくなるまで置きます。

田中のふりかけ

いろんなふりかけを作っている田中食品。面白いものがあるとつい買っちゃいます。カープふりかけは選手全員の種類があるんです。広島弁バージョンも種類豊富。「宮島かきのしょうゆ」など、広島シリーズもあります。

お昼の時、多めに出しておいたら、残ったのがこの2つ。男性は味に保守的なので、変わった味には手を出しません(笑)。「旅行の友」は、小魚とごまと海苔と玉子。大正時代からある看板商品だそうです。

あきこのキャラ弁

最初に作ったキャラ弁は、前髪パッツン弁当（P.150）です。そもそも寮の仕事を始めるまで、お弁当なんて作ったことなかったんです。ましてやキャラ弁作るなんて、予想もしてなかった。でも、好きなインスタグラマーの方の作っている顔面キャラ弁を見て、作ってみたいなと思ったんです。

人数が多いのと時間制限があるので、細かく作り込むことはしません。絵が得意じゃないっていうのもあるけど。そんなに手間をかけず簡単にできて、しかもインパクトがあるものを作るようにしています。見たらパッとわかるようなキャラ。顔の表情と髪の毛で遊ぶ感じですね。基本は、眉は海苔、目は黒豆、口はウインナーですけど、そうじゃないこともすごく多いかな。ウインナーはいろいろな人間を作れるから便利だし、楽しいです。誰かをイメージして顔を作っているわけではないけど、時々似ちゃうこともありますね。

アンパンマンシリーズは、顔が作りやすいし、寮の方たちも好きなんです。緊急事態宣言だとか自粛だとか、不安と心配が渦巻いている時代なので、アンパンマンで元気と勇気を！　っていう心からの思いを込めてます。でも、アンパンマンシリーズはこれで終わりそうな予感。バイキンマン、ドキンちゃんは、私にはハードルが高すぎる！

行事弁当

ごぼうの鶏味噌
卵とねぎ
金時人参のタラコ炒め
ちくわの七味マヨ炒め

ご飯の下はこうなっています

高木ブーさん

節分弁当

節分なので、緑へアーの鬼の顔。角は金時人参。ご飯の下には、鶏味噌ごぼう、金時人参のタラコ炒めなど、おかずがたっぷり入っています。白いご飯シリーズ作る時にいつも思い出すのが、小僧寿しに昔あった幽霊寿司。白いご飯の下にいろんな具があって、子供の頃ワクワクしながら食べてました。好きだった~。

行事弁当

鶏そぼろ
炒り卵
ウインナー

お月見弁当

今日は中秋の名月。炒り卵が満月、ご飯が月見団子。ウインナーはウサギちゃんです。下に敷いているのは鶏そぼろ。泡立て器で作ると簡単です。お弁当見て、寮の方気づいてくれるかな。この日の夕飯は、手作りみたらし団子付き。月を見ながら団子を食べる！　そんなロマンチックな方、まあいないと思うけど。

ドライカレー

シュール弁当

夏だぜっ!!

パーティピーポー弁当

真夏に作ったお弁当。夏なので、浮かれ気味の顔面カレーです。これは豚ひき肉のドライカレー。中途半端に余った野菜を全部刻んで入れてます。冷蔵庫、すっきりした。とうもろこしのメガネがいかしてるでしょ。左ページのも含め、はっちゃけた顔のお弁当は、パーティピーポー弁当って名付けてます。

志茂田景樹弁当

頭がカラフルな志茂田景樹。メッシュな感じが、イメージっぽいよね。含み笑いをしながら、隣のお弁当をチラッと見てます。黒目は黒粒こしょう。ご飯は豚ひき肉カレーです。寮の方には、志茂田景樹って伝わらないだろうな。

ゴーヤメガネ弁当

ゴーヤのメガネ。ウインナーの唇、もっしゃもしゃの頭でパーティへ。池田さんのほっぺはでんぶ。この時は4種類の唇作ってます。笑っているこの唇は、ウインナーの中央に包丁を入れて、箸で広げながら焼きました。

容疑者弁当

目のところが黒い線で隠されている容疑者。なすでピ――です。キレイな鼻スジはオクラ。何かを企んでるような口の上がりようが、怖いですね。どんな悪いことしたんだろう。ご飯はじゃがいも入り、豚ひき肉のカレーです。

焼きそば ウインナー 餃子

ウインナー人間

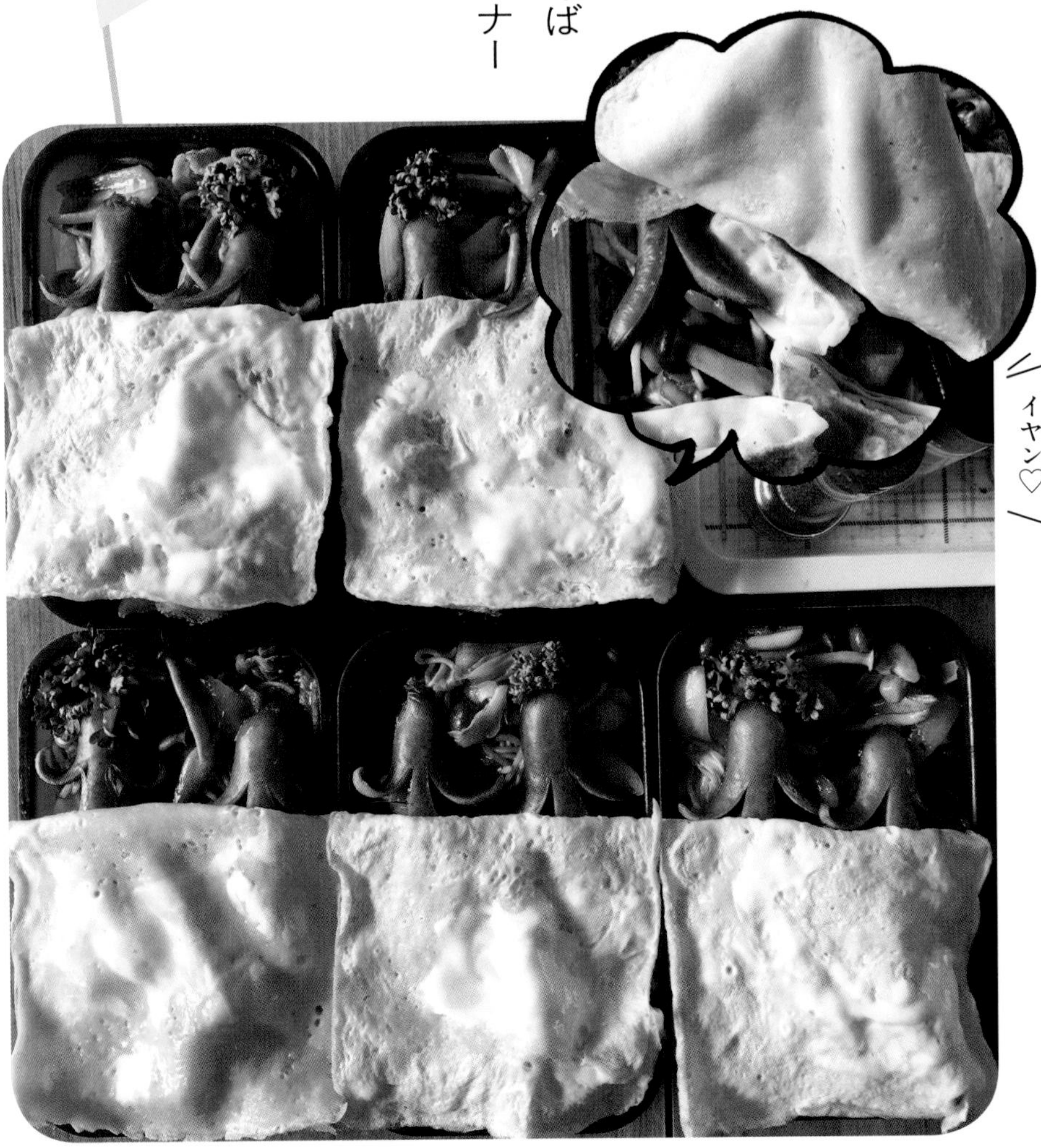

卵のお布団の中をチラッと。餃子がみっつ、隠れてますよ。寮の方の反応見たくて観察してたんだけど、やっぱり食べる前にめくってました。パセリヘアーのウインナーが女性かな。ベッド部分は焼きそばです。豚肉と、お野菜いろいろたっぷり入れています。ソースはもちろん広島名物オタフクソース。

ラブラブ弁当

ウィンナー人間

豚味噌焼き
ウインナー
茹で卵

友だちたくさんできるかな

新入生弁当

4月だったので、黄色い帽子を被ったピッカピカの一年生が手を繋いで登校しています。でも実はタコ星人。足しかないの、わかるかな。トマトで作ったハートも置いて、仲良しなのアピールしてますけど、地球征服にきたかもね。地球人に見つかって焦ってたりして。おかずは豚バラ焼き豚と茹で卵です。

椎茸の肉詰め
卵焼き
タラモサラダ
紫キャベツの塩もみ
青梗菜とシラスの炒めもの
タコドラえもん

ウインナー人間

カニキティもあるよ！

タコドラえもん弁当

タコドラえもんです！ドラえもんの仮面を被ったウインナー星人現る。自分でもよく思いついたなぁって。おじさんたちがこれを食べるところを想像すると、笑えてきます。このタコさんウインナー、間違えてすでにタコさんの形に切れているやつを買ってしまった。袋を開けてびっくり。便利なやつもあるのだね。

豚キムチ炒飯
タコさんウインナー
揚げ餃子

ウインナー人間

ウロチョロしなさんな

ストロベリームーン弁当

ストロベリームーンって、6月の満月の俗称だそうです。満月とタコさんとちびタコさんと餃子のお山のお弁当。ちびタコうろうろ。満月は、茹で卵の黄身。白身は夜のドライカレーに使いました。キムチ炒飯はごま油で豚肉とキムチを炒め、キムチの水分を飛ばします。ご飯、ニラ、醤油、塩・こしょうで味付け。

高菜漬
炒り卵
鶏の照り焼き
鶏そぼろ

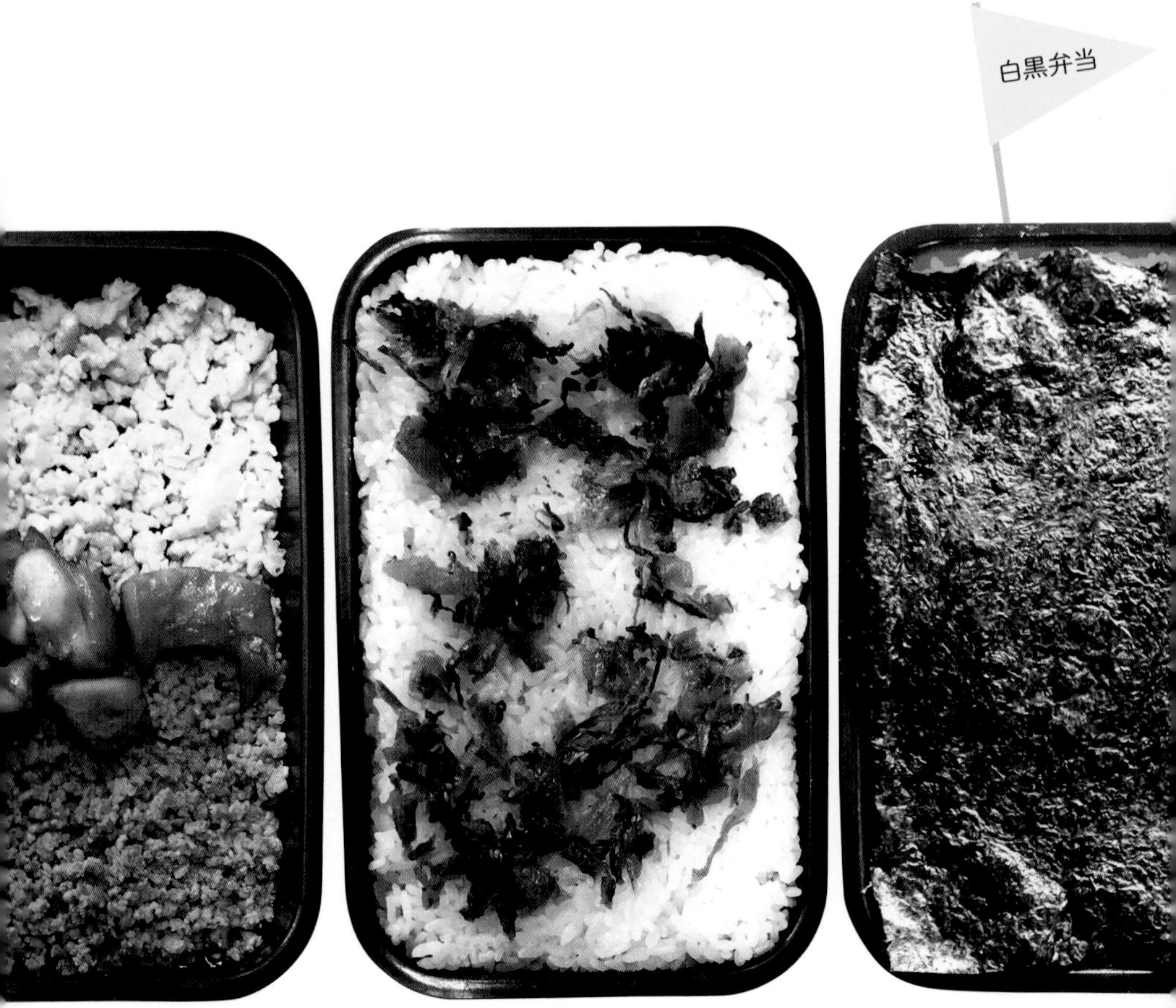

黒弁当

パッと見ると真っ黒なただの海苔弁。あれっ、今日はこれだけ？と思わせておいて、食べればいろいろ出てきますよ。海苔とご飯の間には高菜漬、ご飯の下には鶏そぼろ、炒り卵、鶏の照り焼きを入れてます。なんて贅沢な海苔弁なんだ！期待しないで食べ始めたらいろいろ出てきちゃって、ドキドキだろうなぁ。

茹で卵とチーズのせカレー

白黒弁当

今日のお昼は白飯のみ。じゃなくて下にドライカレー、ありまーす。おひとり、明らかにフリーズしてた。で、これお昼ごはんですかって。笑いをこらえるのに必死でしたよ。最初箸で、途中スプーンに変えたから、カレーに達した模様。ご飯は同じお弁当箱に詰めてパカッとひっくり返します。

白弁当

豚ひき肉のカレー
薄焼き卵

アンパンマンシリーズ

辛さ100倍、カレーパンマン

カレーパンマン弁当

今日は、ちゃんと下にカレーあるよって知らせてあげた。カレーパンマンの登場でーす。ちゃんと見えるかな。なんかパックマンか何かにも似てる気がするんだけど。池田さん、ケチャップNGだから、お顔はマヨネーズで。カレーパンマンができると言うことは、薄焼き卵を敷いたらいろいろできそう！

アンパンマンシリーズ

梅海苔
唐揚げ
ウインナー
だしご飯
ブロッコリー

顔が濡れて力がでないよ

アンパンマン弁当

元気100倍アンパンマン！　梅と海苔の唐揚げでぎゅうぎゅうに。酒、醤油で下味をつけた鶏肉を、卵とちぎった梅干し、焼き海苔を片栗粉に混ぜた衣で揚げてます。寮の方、唐揚げうまそうって。そっちかい！　顔はだし汁、酒、醤油を入れて炊きます。これを食べて、モリモリ元気に働いてもらおう！

梅海苔
唐揚げ
塩おにぎり
茹で卵

アンパンマン
シリーズ

おむすびまん弁当

あっしはおむすびまんでござんす。とっても強い正義の味方。アンパンマンシリーズで一番うまくできたような気がします。黒豆のお目々のウルウル感が可愛いでしょ。梅海苔唐揚げに半熟の茹で卵。置き弁は、色がきれいな半熟卵を入れられるので、色味的にも助かります。おむすびは塩むすびです。

豚ひき肉カレー
タコさんウインナー

アンパンマンシリーズ

しょくぱんまん弁当

いつも男前のしょくぱんまん様。がしかし、右上のは何者だ!? 目が「エ」ってなんなんだ。唇もこれだけ微妙だし。自分でも作りながら笑ってしまった。しかも、ご飯なのにしょくぱんまんって、もう大混乱。まわりの白ごまでパンの耳を表現してますけど。ご飯の下には、豚ひき肉のカレーとちびタコさんが。

アンパンマンシリーズ

キャラ弁14

豚肉炊き込みご飯
白飯
豚ねぎ味噌

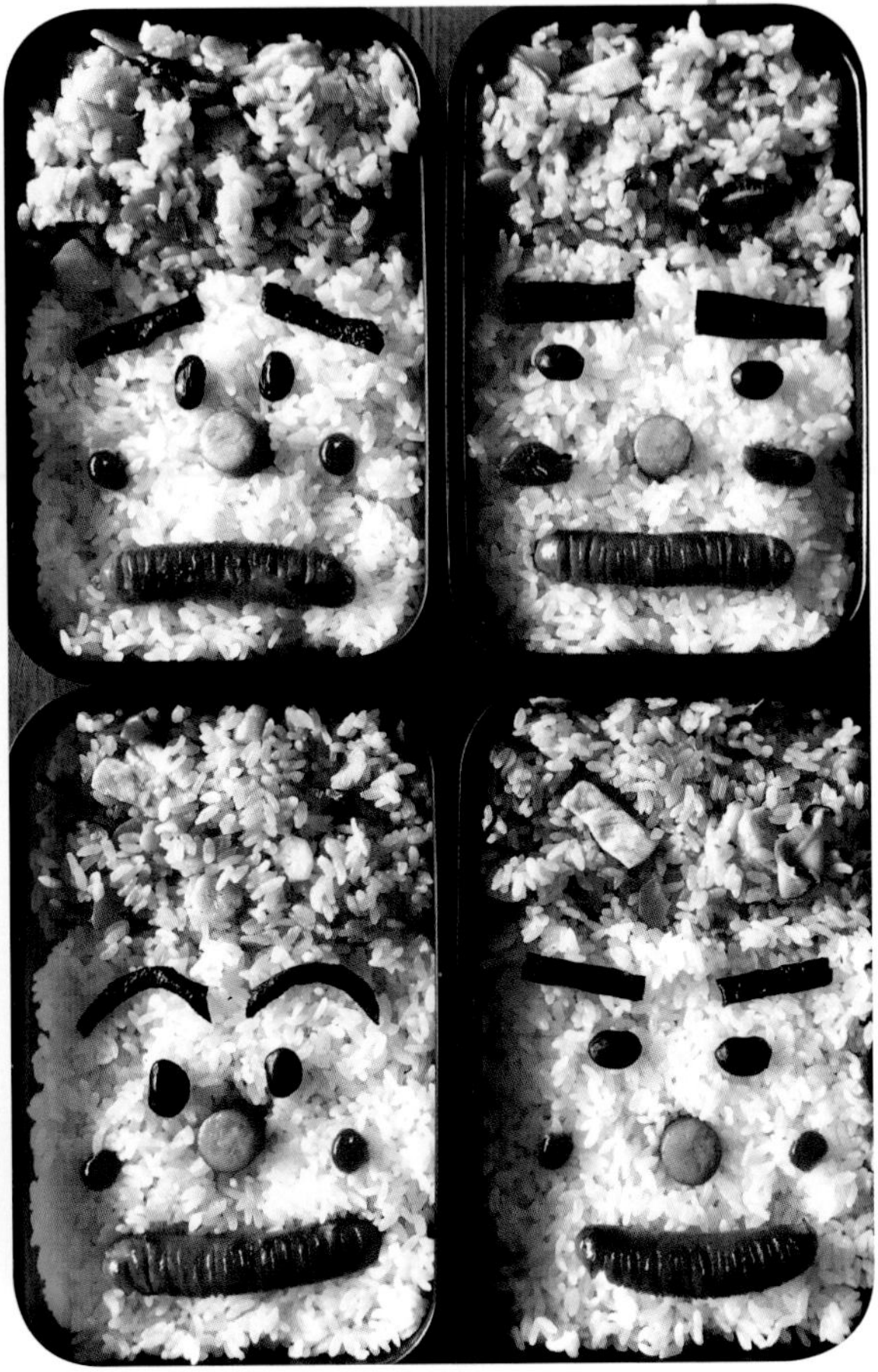

かまめしどん弁当

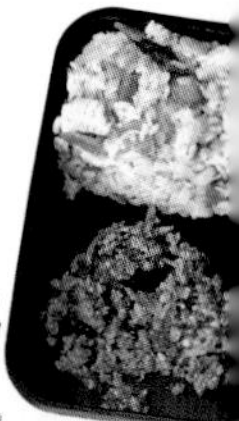

おっちょこちょいで正直者のかまめしどん。頭部は、昆布、だし汁、塩、薄口醤油、酒で味付けした豚肉入り炊き込みご飯。白飯の下には豚ねぎ味噌入れてます。炊飯器2台使いで作りました。

キャラ弁15

カツ煮
焼きタラコ

カツドンマン弁当

自分が一番ハイカラで

アンパンマンシリーズ

海老天
鶏そぼろ
炒り卵

どんぶりまんトリオ

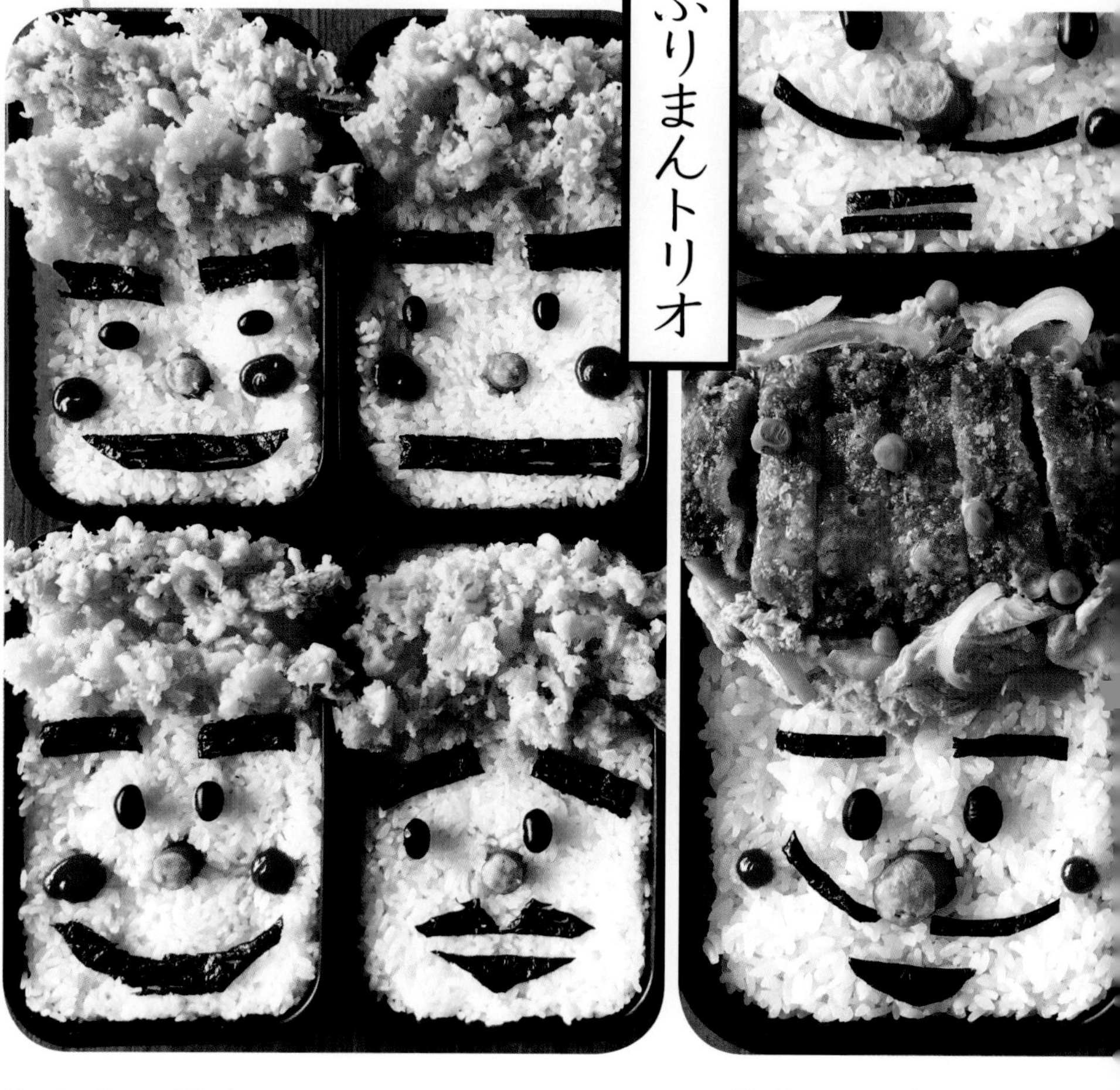

かっこいいと思っているカツドンマン！　こんな海苔のお顔でも？　ご飯の下には焼きタラコを入れてます。つゆがご飯に染みすぎるのが嫌なので、結構少なめにしています。

てんどんまん弁当

右下の池田さん用、髭に見えるけど、そうじゃなくて上唇です。ご飯の下には鶏そぼろと炒り卵の2色を入れてます。天ぷらには塩振ってはいるのだけど、物足りない方は何かかけてくださいな。

豚ひき肉カレー
海苔
かぼちゃのマッシュ
茹で卵
ブロッコリー
トマト
ウインナー

お茶目にするコツ

BOY or GIRL?

前髪パッツン弁当

私の顔弁当のはじまりがこれです。蒸したかぼちゃをマッシュして蝶ネクタイを作ったつもりが、なんだかしっくりこず、リボンにしちゃいました。ってことはこれは女子なのか。卵の目とウインナーの口はこの時点でデフォルト。ここから、顔面弁当がどんどんエスカレートしていきます。ご飯の下は豚ひき肉のカレー。

お茶目にするコツ

唐揚げ
卵焼き
ウインナー
ちくわ
おにぎり

まっくろくろすけ出てきたよ〜

まっくろ くろすけ弁当

まっくろくろすけと子トトロのお弁当です。これ、お気に入りのやつ。おにぎりのご飯には山口の萩・井上のしそワカメを混ぜてます。卵焼きでハート、ウインナーでお花。そもそも私がキャラ弁作るなんて、以前は思いもしなかったね——。花のソーセージやタコさんウインナー、寮に来て初めて作ったんですよ。

豚ひき肉
カレー
茹で卵
パセリ

まだまだ
あります

ホー

パセリヘアー弁当

この卵、うずらに見えるけど、普通の卵です。サイズ感！　左下のどう見ても電撃ネットワークの人に似てるね。ちなみに、寮の方と髪型はリンクしてないですよ。右下のは、ちょっと似てる人がいるけど。目は黒ごま、口は糸昆布か鷹の爪。右上の口の空き具合がいい感じ。豚ひき肉のカレーには、刻んだお野菜がたっぷりです。

キャラ弁20

かぼちゃのコロッケ、ゆかりのおにぎり、茹で卵、ウインナー

おっぱい弁当

鶏ひき肉入りかぼちゃのコロッケにケチャップちょんちょんでおっぱい。おむすびはおパンツですよ。たまにはちょっぴりエロ。寮の方、喜んで食べたかな。そもそも、何を表しているのかわかってくれたのか、という根源的な疑問は残るけど。

おっぱいポロリ

キャラ弁21

ドライカレー、恐竜の卵

恐竜弁当

友人のお弁当、真似てみました。茹で卵を前日から麺つゆにつけてたのだけど、あまり染まらず。リベンジしよっと。人参は恐竜の足跡。水菜のお布団に産み落としてます。

ポトッ

キャラ弁22

鶏の唐揚げ、鯖の塩焼き、卵焼き
紫キャベツの塩もみ、ウインナー

キャラ大渋滞弁当

これぞ究極のキャラ弁。ハート卵もあって、感情をどこに持っていけばいいのか。これ作っちゃったら、私のしたかったキャラ弁出尽くした。明日から何しよ。

5種のキャラ

コラム5

寮母あきこ 日々のあれこれ

一日の仕事の流れはこんなふうです。

平日は毎日朝8時に寮に着き、前日の夜の皿洗い、お風呂、トイレ、共有部分の掃除をします。それが終わったら調理開始。大体11時30分には完成させて、テーブルに並べておきます。私はそこでいったん帰宅。家で自分のお昼ごはんを済ませたら、13時には寮に戻り、昼食の後片付けをして、夕飯を作り始めます。16時までには完成させて、冷蔵庫へ。夕飯は、みなさん食べる時間がバラバラなので、安全のため冷蔵庫に入れておきます。一段落したら、翌日と翌々日のメニューを決め、解凍などの下準備をしたらお風呂の準備。終わるのは大体17時くらいですね。土曜と日曜はお休みです。

買い出しは頭も体もたっぷり使います。

買い出しは週1回のみ。火曜日が安売りの日なので、原則火曜日です。まとめ買いして、それを配分して使う感じ。近くのスーパーや業務用スーパーを回ります。大量に買うから、ストレス発散になりますよ！　金曜日には、地元の野菜をたくさん売っているJA芸南の直売所「ふれあい市」に行きます。生産者さんの顔が見えるし、なによりとても安いので助かります。

人数増に対応できるよう、鶏肉2kg、豚ロース10枚は冷蔵庫に常備。小分けにして、必要な分だけ取り出せるようにして冷凍します。野菜も、できるものは下処理して冷凍しています。牛肉を買うのは半額になってる時だけ。1回の買い物は、段ボールで平均6箱くらい。寮に戻って、ひとり

でそれを車から運び込むのが本当に大変！　お米を20kg買った日が雨だと泣きたくなっちゃいます。

食材を上手に使い回すよう心がけてます。

昼400円、夜800円という予算が決まっているので、やりくりはきちんと考えています。予算が足りないのも余るのも嫌。きっちり使いたい。ホワイトソースに生クリームを使わないのも、単に高いから。高い食材を使わなくてもおいしいものが作れるよう頭をフル回転させてます。大安売りのものとかは、とりあえず使う予定がなくても多めに買って冷凍。ちょっとずつ余っちゃった野菜は、カレーやスープに入れて使い切ります。魚は新鮮なほうがおいしいから、買い物をする火曜日に魚料理をすることが多いですね。

料理で一番、こだわっていること。

おいしくするための手間は、省かないように気をつけています。例えば、煮魚なら生臭くなるのを防ぐために、最初に湯通しをする。海老は臭みを取るため、塩でもんでからよく洗って使う。キャベツや葉野菜、針生姜や白髪ねぎなどは使う前に水にさらす。炊き込みご飯や酢飯用ご飯は、必ず昆布を一緒に入れて炊く。などなど、ちょっとしたことですけど、味に差がつきます。手間を惜しまず、ちゃんとやっておいしくしたい。

昔から読んでいた料理本がアイデアの源。

料理本は昔から、とにかくたくさん読んでいます。実家のごはんはすべて母の手作りで、お惣菜を買う習慣がなかったんです。そのせいか料理本がたくさんあって、小さい頃からよく読んでいま

した。今でも、ジャンル問わず、いろいろ読み漁ってます。料理学校へ行ったり、誰かのところで修業したりしたわけではないけれど、料理本を読んで蓄えた知識と大将の料理をじっくり見てたこと。この長年の無意識な蓄積がすごく役立ってます。今はそれが、料理のアイデアとして急に自然と出てくる感じ。

書き足し続けてきたレシピ帳は宝物。

料理本を読んで、作りたいなと思ったレシピは、全部ノートに書き写して

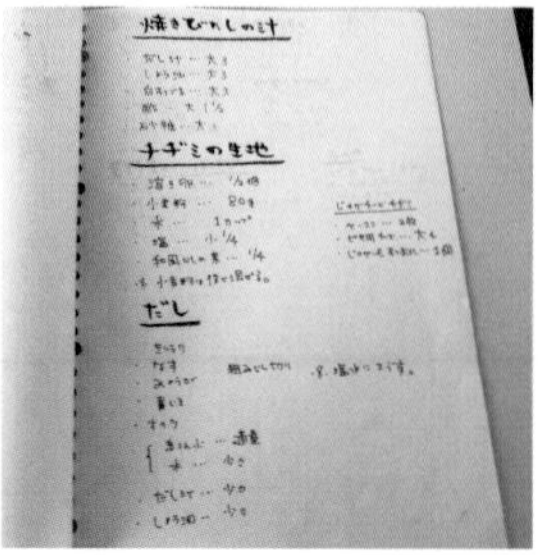

きました。もう随分たまりましたよ。大将から教わったレシピも書き残してます。大分前から書きためていますが、寮母になる前に、これまでに作ってみておいしかったものをまとめました。これがあれば困らないかなって。でも、たとえばこっちの調味料入れたほうがおいしいんじゃないかと

か思ったら、どんどん変えていきますよ。同じものばかり作っていても面白くないし、進化しないといけないし。

うつわが大好き。家ではコレクションも。

寮に来て最初にやったのは、うつわを全部替えることでした。それまでの寮のうつわは全部プラスチック。私、口にプラスチックが触れるのが本当に嫌いなんです。寮の食器はプラスチックというイメージも変えたかった。ちょうど大将の店が閉店したので、そこから

大量にいただいて使ってます。

料理は盛り付けで完成すると思います。見た目はすごく大事。盛り付けもうつわも料理の一部だと思ってます。だから、変なうつわは使いたくないのだけれど、寮では制約もあるので。どうしたら美味しそうに見えるか考えた結果、独創的な盛

り方になりました。もともとうつわは大好きで、家ではいろいろと集めています。

土日は料理しないけれど、パン作りは別。

寮の仕事のもうひとつの良い点は、土曜日と日曜日がお休みなこと。飲食に関わる仕事で土日が休みってそうそうないですよね。土日はリフレッシュの日。料理のことは考えないし、家でも料理は作りません。自分の好きなこと、やりたいことだけしてすごします。パン職人だった名残なのか、

パンを焼いて人にあげるのが好きなので、それだけはたまにやっていますけど。

リフレッシュは、山登りで。

2年前に友人から誘われて、登山に初挑戦したんです。辛いし苦しいし嫌だったんですけど、やってみたら登れた。山頂に達した時、ものすごく達成感があったんですね。人生観変わった瞬間です。それがきっかけで、苦手なことでもやってみたらできるかもしれないし、やらないのはもったいないと考えるようになって。悩む前に行動しようと思うようになりました。お弁当作りも、始める前は苦手だと思い込んでいたんですけど、とりあえずやってみようと。今は面白くてたまらない！

あとがき

子供の頃、夕飯がお寿司の日には、必ず卵スープを私が作っていました。それを父が「おいしい、おいしい」と言って食べてくれたのがすごく嬉しかったのをよく覚えています。なんだかそれが、原体験な気がします。

学校を卒業後、飲食業に興味があったので、パン屋さんやお寿司屋兼民宿で働いてみました。でも、続かなかった。深夜まで仕事で、自分の食事もまともにできないのが嫌だったのかもしれません。寮での仕事は17時に終わりますが、それが私にはすごくよかった。なにより、メニューを自由に決めさせてくれるのが、本当に最高です。

あまり深く考えずに寮母になりましたけど、やってみると、寮の方たちにわっしわっしと食べていただけるのが本当に楽しい自分に気づきました。昔、相撲部屋の女将になりたいと言ってたことがあるんですけど、友達に「夢がかなったじゃない」と言われたんです。寮の方においしいと言ってもらえることが、心から嬉しい。その喜びを励みに、これからも毎日、驚きのあるガッツリ飯を作り続けます。

２０２０年夏　あきこ

あきこ

生まれも育ちも、広島県東広島市安芸津。高校卒業後、いくつかの仕事を経てパン屋に入り、職人としてパンを作る。その後、まったく違う仕事がしたくなり、旅館兼寿司屋で働くように。ここの「大将」から教わった調理の心構えや味付けの基本が、いまの仕事に役立っている。2年半前、たまたま見た求人に応募して採用され、造船関係の会社の寮の寮母に。月曜から金曜の毎日、昼食と夕食を用意している。実家の母は、広島お好み焼きを何十枚も作ってご近所に配るほどの料理好き。家にはたくさんの料理本があり、小さい頃からよく読んでいた。料理本は今も好きで、気に入ったものがあると、自分のレシピ帳に書き写している。買い出しから、食材の管理・保存、調理、盛り付け、と一日中、料理のことばかり考えているが、休日は別。家でも料理せず、自分のやりたいことだけしてリフレッシュ。趣味の登山では、高所恐怖症だけど、ロッククライミングにも挑戦中。最近、社会人の写真の愛好家グループにも参加している。丘の中腹にある白い一軒家に、夫と猫と暮らす。38歳。

寮母あきこのガツンごはん

2020年8月27日　第1刷発行

著者
あきこ

発行者
鉄尾周一

発行所
株式会社マガジンハウス
〒104-8003 東京都中央区銀座3-13-10
書籍編集部 ☎03-3545-7030
受注センター ☎049-275-1811

印刷・製本
凸版印刷株式会社

ISBN978-4-8387-3101-5　C0077

料理・写真
あきこ

編集協力
斎藤理子

デザイン
三木俊一(文京図案室)